Cuidado pastoral:

Ministerio con inmigrantes

Rebeca Radillo

ABINGDON PRESS / Nashville

CUIDADO PASTORAL: MINISTERIO CON INMIGRANTES

Este libro fue impreso en papel sin ácido.

ISBN-13: 978-1-4267-0950-0

09 10 11 12 13 14 15 16 17 18–10 9 8 7 6 5 4 3 2 1
HECHO EN LOS ESTADOS UNIDOS DE NORTEAMÉRICA

Contenido

Prólogo 5

Introducción 7

1. La migración: ¿Sueño o pesadilla? 11
   - Introducción 11
   - Las etapas del proceso de inmigración 16
     - A. Pre-emigratorio 16
     - B. Post-emigratorio 19
   - Impacto emocional, espiritual y social en la vida del inmigrante 21
   - Resumen 25
   - Aplicaciones prácticas 26

2. Dislocación familiar 29
   - Introducción 29
   - Reconfiguración del sistema familiar 31
   - Conflictos intergeneracionales 38
   - Resumen 44
   - Aplicaciones prácticas 45

3. La iglesia: Hogar espiritual y cultural 47
Conflictos congregacionales 54
Conflictos interculturales e intraculturales 57
Conflictos interculturales 58
Conflictos intraculturales 58
Resumen 59
Aplicaciones prácticas 60

4. La iglesia: Institucional y local 61
Introducción 61
Resumen 72
Aplicaciones prácticas 72

Apéndice 75
Mapa ecológico 75

Bibliografía 79

Prólogo

En el año 1977 me nombraron pastora y Directora Ejecutiva de la Misión Metodista en el Condado de Hardee, Florida. Este nombramiento incluía las responsabilidades congregacionales, la supervisión de una guardería infantil y de un programa de kindergarten (párvulos) patrocinado por el Departamento de Salud y Servicios Humanitarios. La Misión servía aproximadamente a setenta familias inmigrantes, en su mayoría mexicanas, y a un porcentaje ínfimo de personas de América Central y el Caribe. Ésta y otras experiencias ministeriales durante mi pastorado, las amistades que las comparten y mi propia trayectoria como inmigrante sirven de fundamento a mis reflexiones en este libro. A través de los años, mis relaciones con la creciente población inmigrante, así como la documentación teológica, psicológica y social, ha seguido enriqueciendo mis experiencias personales.

La tarea de abordar el tema de la inmigración dentro de cualquier institución social, tal como la Iglesia, es muy amplia y compleja, ya que al hablar de este tema hay que tomar en consideración los distintos contextos geográficos, socioeconómicos y políticos, así como las diferentes culturas y las diversas creencias y practicas espirituales y religiosas. Escribir un libro que incorpore estas realidades y poder elaborar e individualizar características y necesidades específicas constituye un desafío. No obstante, el objetivo de esta autora es el de examinar y considerar varias áreas de importancia en el ministerio de inmigrantes. Este libro se concentra en la primera generación de este grupo creciente y vital, pero no se limita a ella.

La razón para escribir esta obra es, en primer lugar, reconocer de que las iglesias de habla hispana reciben un gran número de inmigrantes que buscan apoyo, orientación, respaldo espiritual y emocional dentro de una comunidad de fe en la que pueden confiar. En segundo lugar, la de proporcionar una guía que permita preparar al liderazgo congregacional ministrar en una forma acertada e informada a la población inmigrante.

La experiencia migratoria suscita un sinnúmero de situaciones complejas que le presentan un reto súbito e inesperado al liderazgo pastoral. La paradoja de este fenómeno es que una gran mayoría del liderazgo pastoral es también inmigrante. Por consiguiente, en su tarea pastoral el líder se enfrenta diariamente con gran número de personas que reflejan y le recuerdan su propia condición, así como sus conflictos y dificultades, como inmigrante. Tal experiencia pude resultar agotadora y –emocional y espiritualmente– debilitante, debido a la identificación o sobreidentificación con las personas a quienes sirve. En el capítulo cuatro abundaremos sobre esta idea y sus dinámicas.

Cada uno de los capítulos de este libro refleja experiencias personales a cuyos protagonistas he dado nombre ficticios, no sólo por mantener el carácter confidencial de sus testimonios, sino movida también por el respeto que les tengo y por preservar su dignidad como criaturas de Dios en situaciones preocupantes y desconcertantes que amenazan la seguridad personal y social de la población inmigrante. Para los fines de este libro, la inmigración es a los Estados Unidos de América.

Introducción

Por definición, el cuidado pastoral es un ministerio integral de restauración, liberación e investidura de poder que abarca todos los aspectos de la vida y se manifiesta en todos los ministerios y actividades de la comunidad de fe (Radillo, 2003). Este libro presenta realidades a las que se enfrentan familias e individuos inmigrantes que participan en la vida de la iglesia y otras personas que acuden a las congregaciones en busca de dirección y apoyo. Estas personas buscan un lugar «seguro» que les acoja en un país extraño, con costumbres que le resultan desconocidas y una cultura bastante distinta a la de los países hispanohablantes.

El cuidado pastoral intenta, de manera deliberada, entender y responder a la fragmentación y el aislamiento de personas. Esto explica por qué las comunidades de fe tienen necesariamente que familiarizarse con las dinámicas y los problemas de las comunidades a las que sirven. Su fin es desarrollar ministerios y programas que sirvan para profundizar la espiritualidad, brindar apoyo emocional y proporcionar experiencias educativas que faciliten la adaptación, ya sea temporal o prolongada, de las personas que se acercan y se integran a las congregaciones.

Los objetivos de este conciso trabajo son:

- Examinar varias áreas fundamentales de la práctica del ministerio de cuidado pastoral con inmigrantes. Este libro se concentra en la primera generación de este grupo creciente y vital, pero no se limita a ella.
- Reconocer la necesidad de capacitar al liderazgo congregacional para responder de manera informada y responsable a esa comunidad que busca apoyo, orientación y respaldo espiritual, social y emocional en las comunidades de fe.
- Brindar apoyo a los líderes al servir a esas comunidades mediante textos educativos en el campo del cuidado pastoral que utilicen un modelo ecológico y contextual que sirva de fundamento para establecer relaciones que fomenten el desarrollo de ministerios restauradores y el asesoramiento efectivo en las comunidades de fe.

Cada capítulo del libro presenta dinámicas e historias reales que sirven para ilustrar escenarios muy comunes dentro de nuestra comunidad hispana con el fin de identificar situaciones que quizás la comunidad de fe pueda mitigar. Los últimos dos capítulos ofrecen pautas concretas para comprender que la iglesia tiene una función vital en las vidas de la población inmigrante, tanto en el aspecto espiritual como en el desarrollo de alternativas saludables a través de programas educacionales y de apoyo para sus feligreses. En verdad, la iglesia es un hogar espiritual y cultural para personas que viven la fragmentación, el aislamiento, los problemas emocionales y sociales que son «el pan cotidiano» para millones de personas en este país.

La iglesia puede responder a esta gran necesidad al desarrollar prácticas como:

1. Tener una adecuada compresión de la complejidad del proceso migratorio.
2. Valorar las consecuencias del desarraigo del país natal aun en condiciones óptimas.
3. Percibir las complicaciones de un proceso de adaptación a una cultura y a un idioma completamente distintos a los suyos.
4. Aceptar que las realidades sociales no siempre son favorables al «extranjero en el país».

5. Poseer la visión, la pasión y el deseo de crear un espacio que ofrezca seguridad, esperanza y apoyo a quienes buscan en la iglesia un hogar adoptivo que los acoja y los oriente.
6. Luchar por crear programas y actividades que fortalezcan tanto a las familias como a los individuos y fomenten el desarrollo espiritual, emocional e incluso social que les permita alcanzar la vida abundante y entonar un cántico nuevo en una tierra nueva.

Cada capítulo cuenta con un número de aplicaciones prácticas que brindan la oportunidad de «dialogar con el texto». El apéndice incluye diagramas y otros casos que sirven de orientación en el proceso de brindar cuidado pastoral.

1

La migración: ¿Sueño o pesadilla?

No hagan sufrir al extranjero que viva entre ustedes. Trátenlo como a uno de ustedes; ámenlos pues es como ustedes. Además, también ustedes fueron extranjeros en Egipto. Yo soy el Señor su Dios.
(Levítico 19:33-34, Versión popular)

Introducción

¿Por qué la gente abandona su país natal? ¿Qué puede llevar a las personas a lanzarse al mar, cruzar fronteras y exponerse a toda clase de riesgos en el proceso migratorio sin saber si han de llegar a su destino? ¿Qué buscan? ¿Cuáles son sus sueños? ¿Por qué piensan que vale la pena arriesgarlo todo? Estas preguntas surgen cada vez que nos enfrentamos a una persona que acaba de dejar su país. No existe una única respuesta a estas interrogantes, sólo existe un sinnúmero de historias que ilustran tal decisión. Podemos identificar algunas razones tales como la búsqueda de refugio en tierra extraña a causa de persecuciones políticas; razones económicas, sociales y educacionales, cualquiera que sea la motivación de emigrar a otras tierras, la realidad es que un sueño de esperanza también puede tornarse en una pesadilla dolorosa y desconcertante.

La emigración no es un fenómeno exclusivo de los países hispanohablantes. La Dra. Marie Pérez-Foster en su artículo «Las nuevas caras de la niñez» hace referencia al informe del Alto Comisionado de las Naciones Unidas para los Refugiados que señala que hay aproximadamente veinte millones de personas refugiadas en el mundo. Además, calcula que otros setenta millones se han reasentado dentro de sus países o han emigrado fuera de los mismos en busca de oportunidades, no sólo de subsistir, sino también por razones de seguridad personal.

Para inmigrantes recientes e indocumentados, ya sea que hayan migrado voluntaria o involuntariamente, existe un constante conflicto interno que presenta uno de los grandes desafíos de este proceso. La causa de este conflicto es el temor de una posible deportación a sus países de origen y las consecuencias emocionales y legales de la deportación. Este temor surge en las conversaciones informales y formales entre feligreses y sus líderes religiosos. No siempre se hace público en las congregaciones, lo cual no niega la existencia de este perenne sentimiento.

En Estados Unidos encontramos europeos, asiáticos, africanos, etc. que se han reasentado en este país y es importante recalcar que, al igual que los hispanos, en estos grupos hay personas documentadas e indocumentadas. Aunque las leyes del país afectan a todas las personas, no siempre se aplican de la misma manera a todos los grupos.

Este es un debate importante que debe llevarse a cabo en distintos círculos académicos, eclesiásticos y políticos. Por cuestión de espacio y énfasis este libro se adentra en un debate tan serio, pero al menos debemos mencionarlos como un proyecto futuro.

Los hispanohablantes en Estados Unidos forman una población diversa más *visible/invisible* dentro de la cultura dominante. Algunas investigaciones en el campo de lo que se conoce por psicología hispana han comprobado que los efectos del racismo hacia esta población «crean barreras sociales que levantan serios obstáculos para esa población y que de hecho influyen en la manera en que se construye la identidad social de esta población» (Niemman). Una observación al respecto es que, al abordar el tema, las cadenas de televisión, los periódicos y otros medios de comunicación sólo identifican a los hispanos como «inmigrantes».

No se mencionan a las personas de otros países y continentes, especialmente las de extracción europea.

Creo que es indispensable preguntar: ¿Qué tenemos distinto? ¿Qué nos hace diferentes? ¿Por qué se piensa que representamos un peligro para la nación? En una de las protestas por el abuso a inmigrantes hispanos en la que participé en Nueva York, me entusiasmó mucho que numerosas personas no-hispanas desfilaron y apoyaron verbalmente la protesta desde la tribuna y expresaron su solidaridad con la población hispana y con todos los inmigrantes actuales en una nación que es de inmigrantes. ¡Que rápido se olvida la historia de esta nación! Mi buen amigo, el escritor y editor Vicente Echerri reflexionaba sobre el tema en su columna en el diario de Miami El Nuevo Herald: «A diferencia de los nativos del país —hijos o nietos, o biznietos de otros que alguna vez también vinieron huyendo del horror—, los inmigrantes y exiliados saben que la libertad y la búsqueda de la felicidad no son meras palabras para encabezar un documento. Saben, como afortunadamente sus hijos y nietos no sabrán, lo que es vivir sin esperanza y sin derecho; conocen en su carne la bofetada y el maltrato, la tortura y el miedo; la hediondez de los calabozos del despotismo les es familiar, como también, para muchos de ellos, la vida no menos hedionda de la villa miseria, lo mismo esté en el Cairo que en São Pablo» (Echerri).

A continuación dos ejemplos que ilustran a una familia que realizó su sueño y a un individuo cuya experiencia fue totalmente opuesta y dolorosa, acarreando largos meses de agonía e incertidumbre.

María Elena y su hermano gemelo Luís Enrique salieron de su tierra natal con sus padres debido a la situación política opresiva y denigrante que existía en su país. Al llegar a los Estados Unidos la familia se estableció en Nueva Jersey y abrió un pequeño restaurante que ha llegado a convertirse en una cadena de restaurantes en varias localidades de ese estado y de Nueva York. Elena y Luís son buenos estudiantes y se distinguen en sus respectivas escuelas. Ambos han recibido altos honores académicos que les permitirá entrar en excelentes universidades. Elena tiene planes de estudiar medicina y su hermano esta pensando en ser un ingeniero químico. Para esta familia la decisión de emigrar ha sido un sueño feliz que sobrepasó sus expectativas.

Y

> *Antonio está encarcelado... En su vecindario se produjo un robo y un asesinato. Alguien lo identificó como el autor del crimen. Antonio tiene pruebas de que él se encontraba fuera de la ciudad en una entrevista de trabajo. La policía no tiene otro sospechoso hasta donde él ha podido averiguar. No hay un gran interés o esfuerzo de parte de la policía de esta localidad por confirmar su coartada. Antonio no tiene dinero para contratar a un abogado que lo represente y se ha visto obligado a aceptar los servicios del defensor de oficio que el tribunal le ha asignado. Este abogado no tiene experiencia como criminalista y está tan ocupado que sólo ha visitado a Antonio durante media hora dos días después que fuera encarcelado. Su pastor procura conseguir a un abogado que lo represente y sea razonable con sus honorarios. Antonio ha estado seis meses sin trabajo y es responsable del cuidado de su mamá, quien está gravemente enferma. Él abandonó su país debido a problemas con una banda de narcotraficantes que lo hostigaba en su ciudad natal e incluso lo había amenazado de muerte por rehusar unirse a ella.*

Dos historias muy diferentes, una es un sueño, la otra, sin duda alguna, una pesadilla. Cada familia inmigrante presenta historias diferentes y complejas, por consiguiente, aceptar esta realidad constituye el primer paso para poder apreciar las necesidades, los dilemas y las crisis a que se enfrenta esa población. Es de suma importancia que escuchemos a las personas y las experiencias que les ha tocado vivir dentro de sus contextos en este país, así como la multiplicidad de situaciones que presentan, para poder trabajar con eficacia, compasión e inteligencia con esa población.

El presentar un perfil de la población migrante es algo arriesgado ya que esta comunidad no es homogénea. Además, las condiciones que les ha convertido en inmigrantes son múltiples y difieren cultural, social, política y económicamente. Reconociendo estas circunstancias, es mi intención abordar varios aspectos, comúnmente compartidos por la mayoría de los inmigrantes, así como el impacto que los mismos tienen en el proceso de adaptación. Para inmigrantes recientes e indocumentados —hayan ingresado en el país voluntaria o involuntariamente—, luchar con el temor de una deportación a sus países de origen presenta una de las amenazas más serias y temidas. El fenómeno de la inmigración puede despertar una re-traumatización de un sinnúmero de experiencias de corrupción, guerras y otros actos de violencia vividas en los lugares de donde provienen.

Por ejemplo, un joven salvadoreño que vino en busca de nuevos horizontes le comentó a un pastor:

> *Vine de mi país porque temía morir durante la guerra como murieron muchos de mis amigos. Aquí he experimentado la violencia policiaca sólo por haber estado parado frente a un comercio por un buen rato. Un carro patrullero llegó, me pidió que me tirara al suelo, me esposaron, me levantaron a empujones y después de lo que pareció una eternidad me soltaron porque un vecino me vio y les dijo que yo era una persona decente. Alguien me denunció porque estaban seguros de que iba a robar el establecimiento... en realidad esperaba a un señor en «la van» para trabajar en los jardines residenciales contratados por su compañía. Durante todo este tiempo le pedí a Dios que no me pidieran mi tarjeta de identificación. Por supuesto, la que tengo la compre para poder trabajar y enviarle plata a mis padres.*

Este episodio refleja las distintas actitudes, sentimientos y problemas de la nueva inmigración hispana. Es necesario recalcar que cada grupo emigrante tiene sus propias historias y características. También cada grupo responde al proceso migratorio basándose en sus propios valores socioculturales y religiosos. No es posible generalizar que toda la población inmigrante resulta afectada de la misma manera que otros grupos, ni que se puede responder a todos los grupos de igual modo. La edad promedio de la población hispana según el censo de 1990 es de 24,8 años de edad. Esta población había ascendido a 41,3 millones de habitantes en 2005. Estos dos factores —acompañados de las innumerables razones por las cuales la gente emigra, la diversidad racial, étnica y sociopolítica y económica que existe en América Latina y el Caribe— ofrecen un número de escenarios que deben ser tomados en cuenta si es que se van a establecer relaciones de solidaridad y hospitalidad con esa comunidad en ascenso.

Una de las personas que ha hecho una contribución valiosísima en este campo es Celia Jaes Falicov, quien explica que:

> ...la migración es una transición ecológica masiva en tiempo y espacio. Comienza antes de la reubicación y prosigue por largo tiempo, afectando a descendientes de inmigrantes durante varias generaciones. Aun cuando la migración haya sido voluntaria, está repleta de pérdidas. Existe la pérdida del idioma, la separación de los seres queridos, la emoción intangible del vació en donde existía el hogar, la falta de comprensión del modo en que funcionan los empleos, las escuelas, los bancos y los hospitales. Las personas que emigran son vulnerables y susceptibles a enfermedades físicas y mentales.

Por supuesto, hay que añadir el impacto espiritual y religioso que este proceso crea en personas emigrantes.

Las etapas del proceso de inmigración

Durante el período pre-emigratorio se pueden suscitar crisis emocionales y espirituales como resultado de la expectativa al drástico cambio que se producirá cuando llegue el momento de partir y dejar atrás todo lo que le ha dado significado y valor a la vida. La duda, el temor y la ansiedad suelen surgir en esta etapa cuando la fecha de la partida se aproxima.

A. Pre-emigratorio

La emigración es un proceso que puede clasificarse como voluntario o involuntario, dependiendo de la razón por la cual se decide emigrar. Es importante recalcar que este proceso comienza en el país de origen mucho antes de abandonarlo. Contrario a lo que suele pensarse, la decisión de emigrar a nuevas tierras toma tiempo y no se hace a la ligera, si bien pueden exceptuarse los casos donde peligra la vida de individuos y sus familias. El dejar atrás familiares, amigos y el suelo que se ama consume gran energía emocional y espiritual. Durante la etapa de la pre-emigración se experimenta un gran sentido de ambivalencia tanto en la persona o miembros de la familia que va a emigrar como en quienes han de quedarse: el enfrentarse con la realidad de abandonar el hogar, los familiares, las amistades y la patria sin saber si habrá regreso; la preocupación de quien cuidará de los que quedan atrás y si en efecto podrán realizarse los sueños. Existen, además, factores socioculturales que precipitan conflictos psicosomáticos, sentimientos de culpa, ansiedad y otros síntomas. Son igualmente posibles y notables los cambios en el comportamiento y actitud de las personas antes y durante la decisión final.

Las personas que deciden salir de sus países en busca de libertad, bienestar económico para toda la familia, trabajos y oportunidades educacionales, saben en muchos casos los riesgos que corren, sobre todo cuando son indocumentados y buscan en «coyotes» o «polleros» como un medio de trasladarse a su destino. Hay evidencia clara de que muchas de estas personas resultan víctimas de abusos físicos y sexuales, así como de robos, y algunos hasta han llegado a perder la vida en el proceso (Zamichow). Existe la probabilidad de que muchas de estas personas que buscan seguridad en la nueva tierra ya hayan sufrido traumas y este evento les produzca una re-traumatización que contribuya a problemas emocionales y psicológicos. El cruzar las fronteras o los océanos, arriesgando la vida propia o la de seres queridos, no es el resultado de una decisión superficial o de un idealismo trivial. Esta decisión es muy costosa y traumática para tomarse a la ligera.

Podemos resumir que el proceso pre-emigratorio consiste en cuatro etapas básicas: *la decisión, la expectativa, la preparación y la transición*. Cada etapa tiene su propia dinámica y produce en la persona y sus familiares una serie de conflictos sociales, emocionales, físicos y espirituales. Cada una de estas etapas ejerce una influencia en la adaptación de las personas emigrantes al entrar en la nueva tierra. Podemos resumir brevemente estas etapas en la siguiente forma:

> **Decisión**: Es la etapa cuando la persona o la familia llega a la conclusión de que es absolutamente necesario un cambio geográfico a favor de la seguridad personal o indispensable para la supervivencia individual y familiar. La decisión puede ser el resultado de una situación de desesperanza que exige medidas drásticas nunca antes contempladas, pero absolutamente necesarias dada una situación crítica y para la cual no puede encontrarse otra solución

que abandonar el país. No siempre la decisión de partir se comparte con la familia, sobre todo en situaciones políticas en que la familia se encuentra dividida por la lealtad a un sistema político.

Expectativa: Se refiere a las emociones, los pensamientos y las preocupaciones relacionadas con la partida y el abandono de la familia, el hogar y todo lo que tiene valor físico, emocional y espiritual. Implica también imaginar posibles escenarios de lo que sucederá una vez que se abandone el país, y lo que sucederá una vez que deje lo conocido y comience el viaje a nueva tierras. Durante esta etapa las preguntas sobre su destinación y su futuro ocuparán su mente y todo el tiempo en que no esté activa u ocupada.

Preparación: Esta etapa es la más práctica y durante la misma todos los arreglos en el país de origen y el traslado hacia el nuevo país consumen al emigrante. Trámites tales como buscar dinero para el transporte, documentos (de ser posible), preparar a la familia, ocupan el tiempo de estas personas. La preparación depende en gran medida de la severidad de las circunstancias que llevan la persona a partir.

Despedida: No en todos los casos los emigrantes tienen la opción u oportunidad de despedirse de su familia, sobre todo cuando esto puede poner en peligro la vida de quienes parten en busca de nuevos horizontes. Otras personas prefieren no preocupar a la familia, sobre todo cuando se cruza la frontera. Como mencionamos al comienzo del capítulo, la inmigración es un proceso riesgoso.

Transición: Ésta es en efecto el viaje del país natal a la nueva tierra, experiencia que resulta completamente distinta para cada individuo o familia. Algunas personas han llegado a Estados Unidos en horas. Empero, para otras personas el viaje es más largo debido a la distancia y los riesgos que corren dependiendo del punto de partida y de las personas que les ayudan a cruzar la frontera. Esta experiencia puede resultar traumática y desgraciadamente muchos mueren antes de llegar a la frontera y nunca se encuentran sus cadáveres.

Es importante que se entienda que las tres primeras etapas no necesariamente son sucesivas, sino que pueden producirse simultáneamente. Por ejemplo, hay quienes al tomar la decisión de emigrar, comienzan a despedirse de sus familias, amistades y de su tierra desde el momento en que toman la decisión. No siempre resulta obvio, pero consciente o inconscientemente esto empieza a suceder. Quizás se manifiesta porque regalan algunos objetos especiales, quizás porque pasan más tiempo con la familia o en lugares de su tierra natal por los que siente un apego especial, o porque se acercan más a los que quieren. Hay que recordar que cada persona tiene distintas formas de enfrentar las decisiones y transiciones difíciles.

Hay que recalcar que el proceso de inmigración, a menos de que exista una circunstancia específica que conlleve peligro de la vida de una persona o de su familia, no se hace en el vacío o por una persona aislada. Dada la realidad hispana de familias extensas, puede haber varias personas involucradas en ese proceso.

Esta dinámica puede producir consecuencias positivas o negativas. Un ejemplo que apunta a esta realidad es que «si la experiencia de la familia inmigrante es positiva, la persona que tomó la iniciativa de partir a nuevas tierras será considerada como un héroe, pero si resulta un fracaso, la persona será vista como la causante de los problemas traumáticos y dolorosos de la familia» (Radillo, 2007, p. 92).

B. Post-emigratorio

Este aspecto abarca las experiencias físicas, emocionales, sociales y espirituales de la pre-inmigración y las nuevas experiencias al entrar en el nuevo país. La nueva cultura, el idioma, la separación geográfica y emocional de la familia constituyen una verdadera carga emocional y espiritual que, sin lugar a dudas, afectará al nuevo inmigrante, no importa la razón para tal decisión y acción. Cada experiencia desata tensiones y crea problemas de ajustes en un lugar completamente extraño.

Suárez-Orozco informa sobre las dificultades que experimentan los inmigrantes «para establecer su nueva identidad y lidiar con la realidad de la marginalidad de las dos culturas. Paradójicamente nunca llegan a "pertenecer" a su nuevo hogar ni al que dejaron atrás» (p. 92). Al llegar a nuevas tierras, las personas también confrontan otra situación que causa un sentido de confusión y les provoca ansiedad: el darse cuenta de que no disponen de las mismas herramientas sociales, emocionales y aun espirituales para resolver los problemas, y que, en muchos casos, no tienen familiares o amigos y vecinos que les respalden y les apoyen.

Otras variantes desempeñan un papel de suma importancia en este proceso de la migración. Por ejemplo, ¿va la persona sola o con la familia? ¿Qué apoyo tiene al llegar al nuevo país? ¿Viajó con documentos o sin ellos? ¿Cómo llegó a la nueva tierra? Otras consideraciones han de tomarse en cuenta como, por ejemplo, el género. Las mujeres, aunque lleguen solas, tienden a valerse mucho mejor que los hombres solos. La razón de esta realidad esta vinculada a su género y la diferencia en su modo de relacionarse, así como su capacidad y flexibilidad a la hora de buscar empleos.

Evaluar nuevas tácticas apropiadas para la resolución de conflictos o de situaciones en una cultura que se desconoce produce ansiedad e inseguridad. Al llegar a un nuevo país, esta dinámica se repetirá a diario en relaciones dentro de todos los ámbitos de la sociedad. El poder llegar a desenvolverse efectivamente en esta intersección cultural es fundamental para ajustarse y funcionar en la nueva tierra. Hay personas que resisten el desarrollar estas destrezas por temor a perder su identidad o traicionar su país y cultura natales. La intersección cultural incluye zonas culturales y económicas, así como sistemas educacionales y de salud pública que constantemente están activos en las vidas de estas personas, pero no se limitan sólo a ellas.

Las personas que emigran son vulnerables tanto a la cultura extranjera como a las comunidades compuestas por personas de su propia cultura. Esto se ve aun dentro de las comunidades de fe y ha sido la causa de conflictos serios en algunas congregaciones. En una ocasión se me pidió que llevara a cabo un adiestramiento para capacitar a los miembros de una iglesia a enfrentarse con una situación en la cual las personas que llevaban varios años en este país se sentían lastimadas por los comentarios negativos de personas recién llegadas en lo referente a formulaciones teológicas, doctrina y Biblia, programas, uso del inglés en los cultos y música (aunque no se limitaba tan sólo a estos aspectos). Si bien la congregación era hospitalaria y respondía a las necesidades de las nuevas personas, los distintos puntos de vistas y criterios religiosos generaron conflictos que afortunadamente pudieron resolverse a través de un proceso de varias semanas y gracias a la motivación y el compromiso de la congregación de ser fraterna y ayudadora para con la nueva ola de inmigrantes.

Impacto emocional, espiritual y social en la vida del inmigrante

La inmigración es costosa y repercute en todos los aspectos de la persona. Aun en las mejores circunstancias, es inevitable que se sufran pérdidas. Es inevitable también la adopción de nuevas formas de comportamiento, de formas de pensar; la incorporación de nuevos patrones de pensamiento y aun la reevaluación de valores culturales y espirituales. En su libro, *The Galilean Journey,* Virgilio Elizondo escribe que «una de las razones por las cuales el seno familiar es tan importante para la familia hispana es el hecho de que en él nos sentimos incondicionalmente acogidos, aceptados e integrados aunque no lo seamos en ningún otro lugar de la sociedad» (Elizondo, p. 10).

El impacto emocional, espiritual y social en la vida del inmigrante provoca una repercusión directa en la identidad y amor propio de la persona. Por ejemplo, pensemos en el modo en que este proceso interrumpe las etapas de desarrollo y madurez del ser humano cuando se abandona voluntaria o involuntariamente el «hogar» físico y emocional en el cual se ha vivido por cierto número de años. La edad de la persona que emigra contribuye a su proceso de adaptación y a la habilidad de ajustarse a un nuevo contexto. El balance ecológico se quiebra cuando hay una separación entre el ser humano y su medio ambiente.

Esta ruptura afecta las relaciones interpersonales y sociales en un contexto extraño que lleva tiempo entender y hacer los ajustes necesarios para alcanzar las metas que permitan sentirse realizado.

La película *El Norte* es el relato de dos hermanos guatemaltecos que decidieron emprender viaje hacia lo que consideraban la «tierra prometida». Después de una ardua y riesgosa trayectoria que incluye pasar por un túnel infestado de ratas, llegan a su destino, Los Ángeles, donde vemos un ejemplo concreto del fenómeno a que nos referimos en el párrafo anterior: la ruptura del sistema ecológico y el impacto producido en las vidas de nuevos inmigrantes. Cuando Rosa, la hermana, comienza a trabajar de empleada doméstica en una gran mansión no sabe cómo utilizar la lavadora de ropa ni la secadora y pone la ropa en el césped para secarla, lo que hace que la patrona reaccione confundida al no explicase el por qué esta joven rehusó utilizar la lavadora y la secadora de que dispone. La patrona desconocía su procedencia y el hecho de que esta joven campesina nunca había visto semejantes electrodomésticos.

Quizás es el único momento en la película donde la audiencia se ríe, pero de hecho esta escena es muy seria y común a muchas personas que nunca se imaginaron que esas máquinas habían ocupado el lugar de las «bateas» y los ríos en que lavaban la ropa. Esta película es una de las ilustraciones más dramáticas de la tragedia que miles de personas atraviesan y están dispuestas a vivir con tal de alcanzar la tierra en la cual reside su única esperanza de supervivencia.

El desarraigo social, físico y cultural fomenta aislamiento, marginación y el dolor de la ruptura con lazos familiares y amistosos. El no poder oír las voces, las entonaciones al hablar, la familiaridad con los olores y sabores de nuestras sazones, los sonidos de la música que oímos de labios de nuestros padres, artistas, cantantes, etc.; el conocimiento del terreno en el que aprendimos caminar y correr; el clima tropical, el sonido del mar, la vista de las montañas, volcanes y el resto de la naturaleza en la que crecimos y que nos hace quienes somos y nos ha formado como los seres humanos que hemos llegado a ser. De pronto todo cambia, ¿Cómo responde nuestro cuerpo, nuestra mente, nuestro espíritu?

Parece que de pronto nos hemos quedado «sin ropas» apropiadas en la nueva tierra.

La distancia geográfica, acompañada por la distancia emocional y el dolor psíquico producido por esta experiencia, es un terreno fértil para producir crisis profundas a las que comúnmente llamamos choques culturales. Las tensiones y las ansiedades no permiten que se adquieran las destrezas necesarias para comenzar el proceso de adaptación para sobrevivir en la nueva tierra. Hay que recordar que muchas personas no sienten de inmediato las consecuencias de la migración. Muchas personas comienzan a sentir síntomas relacionados con la inmigración años después. Por ejemplo, un matrimonio joven con hijos pequeños se concentra en el bienestar de sus hijos. Cuando estos crecen y se separan de sus padres empiezan a experimentar conflictos internos y hasta cierta nostalgia por el país natal. Inconscientemente han aplazado el proceso de adaptación propio para atender a las necesidades de sus hijos.

Dentro de la población hispana hay un marcado aumento de traumas psicosociales cuyas causas incluyen, pero no se limitan a:

1. Experiencias violentas en sus países de origen como guerras, persecuciones y pobreza (traumas sufridos)
2. Proceso migratorio que empezó con la decisión de salir del país de origen y los riesgos confrontados en la transición física.
   a. Cruce de fronteras
   b. Polleros
3. El llegar a un contexto completamente extraño, donde se sienten limitados por el idioma, la cultura y las destrezas necesarias para funcionar dentro de una sociedad compleja y en la cual se sienten marginados.
   a. Muchas personas han vivido en zonas rurales toda su vida y, como consecuencia de la migración, llegan a centros urbanos.
   b. Personas que, por causa de persecuciones, han huido de sus países de origen y encuentran que no pueden ejercer sus profesiones debido a la carencia del idioma o a su estatus como persona indocumentada.
4. Disminución de la autoestima al no poder alcanzar ciertas metas esperadas y trazadas antes de llegar al nuevo país.
   a. Algunas personas vienen con conceptos distorsionados de las realidades del nuevo país.
   b. Al llegar a Estados Unidos no encuentran el apoyo de familiares y amigos.

5. Aislamiento físico, emocional, social y espiritual que puede resultar en:
   a. Consumo excesivo de alcohol u otras substancias adictivas.
   b. Tensiones que producen cambios en el comportamiento moral e incluso la posibilidad de quebrantar las leyes del país.

Toda transición o cambio, no importa si éstos son positivos o negativos, causa ansiedad y tensiones. Los cambios son semejantes a caminar en un terreno desconocido donde existe la posibilidad de resbalar o de caernos en un hoyo. No sabemos adonde sus caminos nos conducen y cuáles son las mejores áreas para caminar o correr. Es importante que se tenga presente que todo cambio brinda la oportunidad de obtener ganancias y de sufrir perdidas. Veamos algunos ejemplos de posibles ganancia y pérdidas:

> *La familia González Pérez logró salir de su tierra natal con sus dos hijos, Rita (de nueve años) y Andrés (de doce). Esta familia era muy pobre, pero siempre soñó con que sus hijos se educaran y salieran de la pobreza. Al llegar a Chicago, algunos miembros de la familia que llevaban tiempo en este país los ayudaron y les procuraron sus documentos legales. Rita y Andrés eran inteligentes y se aplicaron al trabajo escolar. Ángela y Roberto pudieron encontrar trabajo en una fábrica que les permitió ganar sueldos decorosos para crear un hogar sencillo, pero cómodo. Rita terminó la secundaria e ingresó en una universidad del estado para estudiar ciencias. Su hermano se distinguió en los deportes en su colegio y recibió una beca para estudiar contabilidad. La familia obtuvo logros que nunca se imaginaron. A pesar de extrañar su tierra y sus familiares, tuvieron la oportunidad de brindarles apoyo a sus hijos, educación y esperanza para un futuro que nunca hubieran tenido en Guatemala. La familia unida pudo respaldar económicamente a los que habían quedado atrás.*

Un caso muy dramático de pérdida, fue la de la familia Fuentes. Al llegar a este país provenientes de Puerto Rico fueron a vivir a Orlando, Florida. Pensaron que esto evitaría que sus hijos se unieran a pandillas juveniles en Nueva York. Sabían que había un problema muy serio en ese estado con la participación de jóvenes en pandillas. Una noche recibieron una llamada de la policía de que su hijo Jorge Alberto había sufrido un accidente automovilístico y no esperaban que sobreviviera. Había estado bebiendo con unos amigos y el joven que conducía el auto perdió el control cuando marchaba a gran velocidad y chocó contra un poste del alumbrado público.

La película *Mi Familia* presenta varias generaciones de personas que cruzaron la frontera por distintas razones. En la misma vemos como las pérdidas y las ganancias de una familia inmigrante son palpables y paralelas en la segunda y tercera generación. Quizás podemos decir que esta película ofrece un texto social, político, espiritual y psicológico que cuenta claramente la historia de la experiencia migratoria. Roger Rouse sostiene que hay quienes tienen la capacidad de ver el mundo a través de diferentes lentes; y otros fueron víctimas de la marginalización y el racismo que les llevó a la muerte.

Todo esto forma parte de una red complicada para la población que ha migrado en busca de nuevas oportunidades de trabajo, educación y al objeto de proporcionarle a para familiares que han quedado atrás en situaciones difíciles y en ocasiones con peligro de su seguridad física.

Los casos presentados pueden ser multiplicados en toda comunidad en la cual residen inmigrantes.

Resumen

El material muestra que la migración es un proceso complicado para la población que ha migrado en busca de una vida abundante, de nuevas oportunidades de trabajo, educación y la oportunidad de proveer para familiares que han quedado atrás viviendo en peligro de guerras, enfrentando el hambre y sin esperanzas para un futuro. Los casos presentados pueden ser multiplicados dentro de la comunidad migrante.

El proceso de migrar es sumamente complicado, las iglesias al extender el cuidado pastoral a esta población, han de tomar en cuenta las dinámicas y las circunstancias particulares que las familias migrantes confrontan diariamente. En la mente y sobre los hombros de estas personas no solamente pesan la familia en la nueva tierra, pero también los familiares que quedaron atrás en sus países y que dependen de ellos para su existencia.

Tal información y conocimiento es critico para entender la conducta de familias e individuos; las condiciones en las que dejan sus países y sus experiencias al cruzar fronteras. Además, los problemas, conflictos y crisis atravesados por los congregantes y personas dentro de la comunidad que las iglesias sirven. Todo esto contribuye grandemente al bienestar o salud emocional, espiritual y física de quienes se acercan a las iglesias en busca de palabras de aliento y de personas que tengan empatía y compasión del dilema en el cual viven. Buscan además que se les trate humanamente y con dignidad. El cuidado pastoral con personas traumatizadas y re-traumatizadas por el proceso migratorio requiere una atención a las narraciones e historias que necesitan compartir con alguien que les escuche con atención, y que tenga en cuenta que aunque las historias sean similares, sus protagonistas y sus experiencias son distintas. Sueño o pesadilla, la inmigración produce cambios drásticos en la vida personal y familiar; cambios de identidad, conducta, emocionales y espirituales. El entrar en un nuevo país desconocido es un choque psíquico, espiritual y social, el tiempo y un apoyo o sostén adecuado y genuino tanto del liderazgo congregacional como de la iglesia, podrá facilitar el proceso de adaptación y el lidiar con la multiplicidad de cambios confrontados.

Aplicaciones prácticas

Las aplicaciones prácticas al final de cada capitulo sirven para recapitular algunos de los temas mencionados en el mismo. Los ejemplos, preguntas y otros ejercicios prácticos presentados sirven para envolverse personalmente en el contenido de estas páginas.

1. La lectura de este capítulo me hizo **recordar**...
2. La lectura de este capítulo me hizo **sentir...**
3. La lectura de este capítulo me hizo **pensar...**
4. La decisión de migrar se me hizo difícil debido a que el compartir esta decisión con mis amistades y familiares **me resultó...**

5. Como inmigrante me identifico con otras personas en mi misma posición en las siguientes maneras: (Sea lo más específico que pueda)
6. Usted es la pastora de una iglesia que recibe un número significativo de personas que recientemente han llegado a su ciudad.
7. ¿Qué leyó en estas páginas que es información nueva o quizás confirma lo que ya usted sabe y facilita su ministerio con este grupo en particular?
8. ¿Qué puede usted añadir al material presentado como resultado de sus experiencias personales y ministeriales?
9. Inicialmente, piense en un programa en su congregación que pueda ser de provecho con aplicaciones prácticas para personas recién llegadas. Analice su respuesta desde el ámbito teológico, emocional y físico.
10. ¿Funcionaría tal programa en su contexto? ¿Por qué sí o por qué no?
11. Se le ha invitado a hacer una presentación sobre la inmigración en una iglesia dentro de la cultura dominante:
    a. ¿Como organizaría dicha conferencia?
    b. ¿Qué incluiría en su presentación de lo que leyó en este capítulo?
    c. ¿Qué otros recursos cree que serían necesarios incluir en esta presentación?
    d. ¿Qué anticipa como posibles actitudes o conflictos de la audiencia?
    e. ¿Cuáles son sus preocupaciones sobre esta conferencia?

2
Dislocación familiar

Introducción

El título de este capítulo es una expresión acertada de la experiencia de familias inmigrantes. Después de la migración a otro país, la familia sufre de un desequilibrio que tiene la posibilidad de provocar crisis. Algunas familias no llegan a superar esta situación crítica, ya que la familia hispana funciona de forma interdependiente y cuenta con familiares para el cuidado de sus hijos, respaldo y apoyo emocional, resolución de conflictos y para otras áreas decisivas de la vida familiar.

Dentro del contexto hispano, la familia es la institución social básica que une a personas de varias generaciones. La familia es un sistema complejo responsable de crear un ambiente saludable y seguro que fomente el crecimiento y el desarrollo de todos sus miembros. La familia tiene el compromiso de transmitir valores espirituales, culturales y sociales a sus miembros, lo cual facilita que éstos funcionen y hagan aportes positivos a sus comunidades y a la sociedad en general.

Una de las riquezas culturales y sociales de la familia hispana es que funciona como «guardián de los valores tradicionales, tales como la ayuda mutua de sus miembros, y como fuente de apoyo y fortaleza para sus miembros, especialmente los menores y personas de la tercera edad» (Sotomayor, p. 190). Hay una diferencia entre la manera en que las familias en Estados Unidos responden a las necesidades de sus menores y ancianos y la forma como estas funciones familiares se ejercen en la cultura hispana.

Recordemos que dentro de la cultura hispana la familia no se concentra en el núcleo sino que es un verdadero clan, y que incluye no sólo a los padres e hijos, sino también a abuelos, tíos, compadres y, a veces, hasta amistades muy cercanas a la familia. Esto permite que el círculo que abarca la familia sea muchísimo mayor. El no contar con el clan familiar en Estados Unidos crea dentro la familia hispana un gran vacío y serios conflictos. Muchas de las comunidades de fe asumen este papel de apoyo familiar.

Una de las contribuciones del clan familiar consiste en el aporte al desarrollo de la identidad de cada uno de sus miembros, ya que la identidad personal surge en comunidad y no en aislamiento. Desde el momento que una criatura entra a este mundo, todo lo que le rodea y toda persona que está en contacto con esa nueva vida contribuye a su desarrollo físico, emocional, espiritual y social. La identidad cultural y étnica se forma dentro de un grupo y unas afiliaciones sociales. El comportamiento se aprende inicialmente dentro de la estructura familiar y, con el tiempo, se añaden otras instituciones e individuos a este proceso. Esta dinámica se refiere a lo que se conoce como «realidad relacional» (Falicov, p. 285).

Es importante que se tenga presente este aspecto de la identidad. Una identidad que se basa en una autoestima saludable es absolutamente necesaria para enfrentar la vida. Quizás es importante ampliar el concepto de identidad ofreciendo otros ejemplos de los elementos que la integran. La identidad es un conjunto de características físicas y psicológicas *que no se comparten* con ninguna otra persona. La identidad abarca un sinnúmero de relaciones interpersonales y desempeños sociales. Finalmente, podemos afirmar que la identidad es lo que nos da un sentido de *continuidad* en medio de los cambios, porque aun dentro de esos cambios existe una médula invariable.

Cuando se habla de una médula invariable hay que hacer algunas aclaraciones, ya que hay cambios o transformaciones en la identidad de toda persona. Por ejemplo, hay condiciones que producen marcadas diferencias en la identidad personal. Cada etapa de desarrollo contribuye a nuestra identidad y se pueden palpar cambios de comportamiento y actitudes hacia la vida y cómo se responde a los mismos.

Erik Erikson en sus ocho etapas del desarrollo identifica las tareas apropiadas de cada etapa. Además, explica cómo cada etapa ofrece una comprensión, tanto positiva como negativa, de sus contribuciones. Esto quiere decir que, a lo largo de la vida, nuestra identidad se ve afectada por la confianza, la autosuficiencia, el desarrollo de la conciencia, el establecimiento adecuado de relaciones íntimas y sexuales y, en último término, la experiencia del reconocimiento de logros y frustraciones de la vida. En el apéndice de este libro se presenta un resumen de cada etapa.

La aportación de Erikson es significativa, pero no excluyente. La identidad debe entenderse desde la perspectiva ecológica que destaca la importancia del ser humano y su relación con todos los aspectos psicofísico, sociales y espirituales dentro de los cuales la persona funciona, a la vez que le ofrece una retroalimentación de su conducta. Se trata de un proceso activo y constante a lo largo de toda la vida. Este factor debe considerarse desde la perspectiva de que el inmigrante comienza a tener conflictos cuando su contexto o medio ambiente cambia y la retroalimentación está permeada por una cultura individualista con valores y expectativas muy distintos a los suyos. Otros factores que afectan la identidad de la persona son los problemas físicos o psicológicos.

Otra consideración que influye en la identidad y comportamiento de la persona son las transiciones existenciales y sociales, tales como una promoción en el trabajo, el matrimonio, el tener hijos y, ciertamente, ser un inmigrante. Esta última realidad es la que consideraremos en este capítulo, ya que la dislocación familiar causada por la inmigración es tanto un desafío a la identidad personal como a la identidad y funcionamiento de la familia inmigrante.

Reconfiguración del sistema familiar

La realidad de la inmigración conlleva una reconfiguración del sistema familiar y la creación de cambios necesarios para poder funcionar apropiadamente en Estados Unidos. Una de las etapas propias de la inmigración sugeridas por Sluzki es la de un período de lo que se conoce como «luna de miel», en el cual los miembros de la familia tratan de adaptarse al nuevo país y hacen todo lo posible por no tomar en cuenta seriamente las pérdidas que se experimentan durante ese período, al tiempo que se sumergen en tareas que les mantienen constantemente ocupados.

Algunos ejemplos de la reconfiguración o restructuración del sistema familiar pueden tener su origen en una o más de las siguientes realidades del inmigrante:

- La ruptura del clan familiar y en consecuencia la falta de apoyo de familiares.
- Hijos que viven con el padre o con la madre ya que uno de éstos quedó detrás.
- Padres que desconocen la cultura del país donde han llegado y tratan de sobreproteger a sus hijos en una sociedad complicada.
- Mujeres que toman la iniciativa de salir a trabajar, contraviniendo así al papel tradicional del hombre como proveedor de la familia.
- Cultura igualitaria en la cual las mujeres tienen muchas más libertades que en sus países de origen.
- División familiar: En algunos casos, hijos e hijas que quedan atrás al cuidado de familiares hasta que sus padres se encaminen en el nuevo país.

Por añadidura, existe la posibilidad que sólo uno de los cónyuges se adapte a la nueva cultura o tenga la facilidad de hacer las adaptaciones necesarias para poder funcionar dentro del nuevo contexto y alcanzar metas individuales y familiares. Esto puede crear una crisis para la pareja. Éste es un problema serio, ya que presenta un obstáculo en el desenvolvimiento sano de la familia y, en ocasiones, causa la ruptura del matrimonio. Además, evita que las familias inmigrantes alcancen equilibrio. En ocasiones, ese equilibrio es tan precario que puede perderse a consecuencia de cualquier cambio en el sistema familiar.

Es indispensable que la familia contemple la necesidad de una adaptación adecuada para poder funcionar dentro del nuevo contexto social. Los procesos de adaptación sanos dan paso al desarrollo de un biculturalismo que les permite a los adultos de la familia, y por ende todos sus miembros, alcanzar metas que incluyen la ayuda a sus familiares en sus países de origen. El biculturalismo consiste en la capacidad de vivir en dos mundos paralelos y la libertad de moverse firmemente entre dos culturas sin negar la identidad y el sentido de quienes somos.

Antes de proseguir, es pertinente hacer una aclaración con respecto a lo que nos referimos cuando hablamos de *adaptaciones* a la nueva cultura. No se insinúa o promueve el abandono u olvido de los valores culturales, emocionales y espirituales ni la historia de la tierra natal. La adaptación es la capacidad de adquirir mecanismos y destrezas que faciliten el funcionamiento de individuos y familias en un ambiente completamente distinto a aquél en que se acostumbra a funcionar. Es la adopción de conductas y estrategias para enfrentar la nueva situación en la que se vive. La habilidad de adaptarse a nuevas experiencias es absolutamente necesaria para estabilizar la vida familiar y poder funcionar en la sociedad.

Lo que hemos recibido de nuestros antepasados no desaparece cuando se cruzan océanos, ríos o praderas, o se vuela a nuevas tierras. La historia, la música, los olores de la comida que nos ha nutrido desde que nacimos, los recuerdos de los paisajes y el folclore que hemos interiorizado no se desvanecen al cruzar las fronteras. Por el contrario, todo lo mencionado nos reafirma y nos capacita para adquirir otros valores y experiencias sin negar lo que ya es parte de cada persona. Es necesario cultivar destrezas de adaptación, enfrentándose a la ansiedad y el temor que impiden ejercer la voluntad de seguir adelante. En realidad, es el *aprender un cántico nuevo para cantarlo en la tierra nueva.*

En la reconfiguración del sistema familiar se exige, en primer lugar, aceptar la responsabilidad de haber tomado la decisión de emigrar en busca de nuevos horizontes. Cualquiera que haya sido la razón, el hecho es que al llegar a un nuevo lugar existen retos que enfrentar sin destruir lo que somos. Es cierto que hay problemas externos que impactan a la familia y los cuales no se pueden controlar, tales como las injusticias, el racismo y la discriminación, entre otros asuntos. Estas realidades no se pueden negar, pero lo cierto es que también existen oportunidades e instituciones que están listas a trabajar en apoyo de las familias.

La reconfiguración del sistema familiar —sus expectativas y su funcionamiento— es absolutamente necesario para la salud emocional, espiritual y social de todos sus miembros. Esta reconfiguración consiste en examinar cuidadosamente los patrones culturales del país de origen y de qué manera sirven de apoyo a la familia o son obstáculos para el funcionamiento de ésta en el nuevo contexto cultural. El reexaminar el funcionamiento de la familia no implica que hay que desechar todos los valores tradicionales, sino que los mismos se transforman debido a las nuevas exigencias del medio cultural. Quizás un ejemplo concreto clarifique este aspecto de la reconfiguración familiar:

> *La familia Castro González es de origen mexicano. Andrés y Elisa, de 35 y 33 años respectivamente, tienen dos hijas gemelas, María Ester y Silvia Liliana, de diez años, y un hijo, Jorge Andrés, de doce años. La familia es parte de un ministerio cristiano en la ciudad de Dallas. Andrés trabaja en una compañía que se dedica a instalar pisos de losas. Aunque gana un salario decoroso, no es suficiente para cubrir los gastos de la familia. Elisa tiene gran talento para la costura y, al llegar a Estados Unidos, comenzó a hacer arreglos de ropa para sus vecinos y su reputación de buena costurera a precios módicos pronto resultó en una creciente clientela que le proporcionaba una entrada substancial para la familia.*
>
> *No pasó mucho tiempo antes de que Andrés comenzara a quejarse de que su esposa estaba tan ocupada que no tenía tiempo para los quehaceres del hogar y el cuidado de los niños. Se quejaba de la constante entrada y salida de clientes que llegaban al hogar a buscar la ropa. Andrés argüía que las clientas venían cuando ellos estaban comiendo o intentando pasar un rato en familia. Finalmente, se preocupaba de que sus hijos no estuvieran bien atendidos por la madre que trabajaba tantas horas al día para cumplir con su clientela. El conflicto se acentuaba y a las claras se veía que estaba afectando las relaciones de pareja de tal forma que Elisa y Andrés decidieron acudir a la pastora Rodríguez en busca de respaldo y guía ante esta situación.*

La pastora les invitó a su oficina una vez terminado el culto y empezó a escuchar atentamente los argumentos de ambos. Andrés opinaba que Elisa ya no era la misma mujer con la que se había casado, y durante la conversación se quejó de lo que él percibía como la negación de sus responsabilidades como esposa y madre debido a la vasta clientela para la que cosía.

Por su parte, Elisa alegaba que Andrés no se daba cuenta del alto costo de la vida en este país y de las responsabilidades económicas que tenían con sus familiares en el pueblito de México donde vivían. Ella le recordó a Andrés que la economía estaba muy mal y que la compañía en la que trabajaba había dado a conocer que el negocio empezaba a sentir los efectos de la crisis económica. Ella sólo quería contribuir al bienestar de toda la familia. Andrés le recordó que él era el responsable de la familia y que, si la compañía fracasaba, aún podía hacer otros trabajos para sostener a la familia.

Después de escuchar atentamente a esta pareja, la pastora Rodríguez, sabia y sinceramente, reconoció los esfuerzos de Andrés para mantener a su familia y los de Elisa por tomar la iniciativa de poner su talento de costurera al servicio de los suyos. Luego sacó a relucir que las circunstancias en que se vive en este país exigen necesariamente el esfuerzo del «equipo matrimonial» para la supervivencia y el bienestar familiar. Andrés y Elisa le comentaron de la necesidad de su familiares en México y como mensualmente ellos enviaban alrededor de quinientos dólares para ambas familias, también le mencionaron otras responsabilidades financieras, ya que Andrés no tenía seguro médico en su trabajo y debían pagarlo por su cuenta con una prima muy alta por tratarse de una familia de cinco personas.

La pastora les hizo el siguiente comentario: «Después de escucharles me doy cuenta de que ambos priorizan el bienestar de su familia. Andrés, eres buen padre y te esfuerzas en proporcionarles lo mejor a tu hogar y a tu familia; Elisa, tu idea de poner tu talento a trabajar para respaldar a Andrés y hacer una contribución al hogar, además de ser ama de casa y madre, también debe ser reconocida; así que, partiendo de que ambos se sienten responsables de la economía, ¿qué pudieran hacer para mejorar la relación y las tensiones que están surgiendo entre ustedes?»

Las palabras de la pastora Rodríguez lograron captar la atención de ambos. La pastora les pidió que hablaran entre ellos en el curso de la semana y que ambos vinieran a la próxima reunión con sugerencias específicas sobre los aspectos de la lista que aparece a continuación de este párrafo. La pastora también les sugirió que tenían que terminar la tarea, que esta lista no era más que un bosquejo para comenzar a pensar en la manera de tomar decisiones positivas que les fortalecerían como pareja y como familia. También les dijo que se sintieran en libertad de añadir aspectos a la lista o de priorizar algunos de ellos.

1. *Prioridades familiares.*
   a. *Mesa familiar.*
   b. *Participación en:*
      i. *Programas de la iglesia, conferencias con maestros y funciones de la escuela de los hijos.*
      ii. *Participación en deportes u otras actividades extraescolares.*
      iii. *Paseos, etc.*
   c. *Tiempo con sus hijos.*
      i. *Juego.*
      ii. *Tareas escolares.*
2. *Horas de trabajo de Elisa: Esta planificación estructuraría su tiempo como si trabajara en un taller de costura fuera del hogar. La flexibilidad es importante para mantener la clientela.*
3. *Tareas hogareñas: División de esas tareas —por supuesto los hijos pueden participar en estas actividades.*
4. *Tiempo para la pareja: No descuidar actividades que fortalezcan el vínculo matrimonial y les ayuden como pareja a tener tiempo para ellos.*

Esta pastora supo responder sabiamente a la situación que Elisa y Andrés confrontaban. Ella los orientó a que ambos se dieran cuenta de la fortaleza que cada uno poseía y de su sentido de responsabilidad familiar. La pastora entendió también que el hombre hispano, y particularmente el recién llegado a esta sociedad, mantiene la idea de que él debe ser el único proveedor de toda su familia; a la vez que valoró la iniciativa de la esposa de poner su talento al servicio de la economía del hogar.

La pastora les invitó a revisar la causa del problema y a unirse en un proyecto común que pudiera ayudarles a manejar la situación de una forma positiva para facilitar la solución del problema. Les sugirió diseñar una estrategia para organizar su tiempo y sus actividades, a la vez que fortaleciera sus relaciones y mantuviera a la familia atendida y cubierta las necesidades, físicas y emocionales, de sus hijos y de sus familiares en México. El concentrarles la atención en una actividad facilitó que vieran su situación de manera más amplia, lo cual dio lugar a una reducción del estrés y de la ansiedad que sentían. Finalmente, les invitó a reunirse con ella a lo largo de varias semanas para ver cómo se desenvolvía «el plan» y cómo las metas se iban alcanzando; para reajustar algunas cosas si fueran necesarias y, finalmente, se reunirían también para orar y pedirle a Dios fuerzas y sabiduría para salir adelante.

La pastora pudo ayudar a esta pareja a lo largo de cinco sesiones después de la consulta inicial. Sostenía un intercambio periódico con ellos para verificar su índice de progreso, muchas veces esto sucedía en conversaciones informales a la hora del café o a través de una llamada telefónica.

Esta pastora comprendió que Andrés y Elisa habían encontrado un escollo en su relación matrimonial, no sólo como un problema conyugal, sino también en el contexto migratorio de las dinámicas culturales y las realidades sociales y emocionales de la pareja. La pastora Rodríguez es inmigrante y reconoció la necesidad de facilitar una reconfiguración en la vida familiar de Andrés y Elisa, alentándoles a hacer los ajustes y adaptaciones necesarios para llegar a equilibrar sus vidas.

La pastora utilizó sus conocimientos en el ámbito del cuidado pastoral y fue capaz de responder a la situación que presentaba esta pareja. Empleó recursos básicos del cuidado pastoral para ayudarla en una situación conflictiva. Básicamente, puso en práctica las siguientes dinámicas:

- Escuchó atenta y activamente lo que la pareja contaba.
- Les brindó a ambos cónyuges un lugar que inspiraba confianza para hablar libremente.
- Les estimuló al sugerirles una salida práctica y apropiada para la situación.

- Invitó a ambos a mantenerse en contacto con ella para proseguir el diálogo iniciado en la primera reunión y verificar su índice de progreso.
- Les ofreció respaldo emocional y espiritual.
- Les alentó a participar en talleres impartidos por una organización que ofrece preparación gratuita para robustecer las relaciones familiares, tanto en las comunidades hispanohablantes como en las comunidades religiosas que valoran estas actividades y estimulan a sus congregantes a participar.

En el asesoramiento o cuidado pastoral familiar es absolutamente necesario que se tenga presente la existencia de una plétora de escenarios y circunstancias que deben tomarse en cuenta cuando se trabaja con individuos o familias inmigrantes. De lo contrario, el cuidado pastoral resultará pobre y no beneficiará a quienes buscan apoyo y orientación de sus líderes. El esquema que sigue, le proporciona al pastor o la pastora los temas necesarios para iniciar un asesoramiento que permita conocer mejor la situación y el contexto de la persona o la familia. Su propósito es responder a los miembros de su congregación de un modo eficaz e informado.

Conflictos intergeneracionales

Los conflictos intergeneracionales no siempre se entienden como un resultado directo de la migración. La familia hispana se enfrenta a obstáculos multidimensionales que causan graves complicaciones y el desequilibrio del sistema familiar y de sus miembros. A continuación una lista de las causantes de dichos conflictos:

- Conflictos de valores entre la cultura del país natal y la cultura de Estados Unidos:
  - ¿Qué valores y costumbres deben mantenerse y cuáles deben adoptarse con vistas a una sana adaptación al nuevo contexto?
  - ¿En qué consiste una sana adaptación sin sacrificar lo que forma parte de la identidad cultural?
  - ¿Cómo mantener una tensión positiva entre las dos culturas?

- ♦ La interrupción de costumbres familiares:
- ♦ La diaria reunión familiar en torno a la mesa para compartir los alimentos y lo ocurrido durante el día en la escuela, en el hogar, en el trabajo, en la comunidad.
- ♦ La participación colectiva en eventos de la familia (bodas, bautizos, quinceañeras, comidas interfamiliares semanales).
- ♦ Respaldo a familiares en momentos de crisis, tales como enfermedad, cuidado de niños o personas de la tercera edad, etc.

- Cambios de las funciones de los adultos en el sistema familiar
  - ♦ Entre los géneros:
    - * Cuestiones de autoridad en la pareja.
    - * Más igualdad entre los géneros:
      - ◊ Expectativas no tradicionales y más igualitarias.
  - ♦ Cambio en la jerarquía familiar:
    - * Padres que dependen de sus hijos para tomar decisiones que antes les correspondían a ellos, por no dominar el idioma ni conocer las costumbres del país.
    - * Madres que crían solas a sus hijos.
- Ruptura familiar a causa de la migración:
  - ♦ No siempre todo el núcleo familiar puede emigrar.
  - ♦ Hay ocasiones en que los cónyuges —después de una larga separación, y porque creen que nunca volverán a reunirse— forman otra pareja.
  - ♦ Hijos que se quedan detrás con familiares y perciben esta acción como abandono de parte de los padres.
  - ♦ Un sinnúmero de familias hispanas pasan años antes de que la familia se reúna de nuevo y esto crea un problema de autoridad, ya que los padres quieren ejercer control sobre los hijos y éstos ya no los respetan. Por lo general, consideran a la persona con quien han vivido durante la separación como la verdadera madre o el verdadero padre.
- Búsqueda de un equilibrio familiar en la nueva cultura:
  - ♦ Trabajar diligentemente para obtener un sentido de pertenencia en la sociedad de la cultura dominante sin perder la identidad cultural. La clave es identificar un

modelo que les permita alcanzar este equilibrio; por ejemplo:

- *Bifocalidad cultural*: Roger Rouse introdujo este concepto antropológico que propone desarrollar la capacidad de ver el mundo a través de diferentes lentes. Esta opción es factible y permite aprender nuevas tradiciones, valores y conductas sin abandonar las prácticas de la cultura propia que se atesoran, pero que no siempre funcionan en Estados Unidos (Falicov, p. 73).
- Aceptar que emigrar a otro país conlleva ciertos cambios, los cuales muchas veces conllevan aprender más del contexto en el que se vive y se comparte con otras personas.
- Reconocer que hay situaciones en las cuales la familia encuentra nuevas oportunidades y un sentido de independencia y autonomía con el que no contaba en sus países de origen debido a controles sociales, políticos e incluso religiosos.
- Alcanzar un nivel de biculturalismo en el cual se use el idioma, se adopten conductas y se haga participar a la familia, alternadamente, en actividades mixtas.
- Es importante que cada familia formule una estrategia para vivir en dos culturas a un tiempo. Diferentes familias identificarán cómo desean vivir en el nuevo contexto.
- He aquí las metas que padres e hijos pueden fijar mancomunadamente.

Antes de seguir adelante, cabe destacar que a menudo se pasan por alto los serios conflictos que la familia enfrenta con sus miembros más jóvenes, ya que éstos adquieren costumbres y valores de la nueva cultura que no concuerdan con los de sus países de origen. El no tomar esta situación en serio implica que, consciente o inconscientemente, se le impide a los jóvenes que adquieran destrezas que les permitan funcionar en la nueva sociedad de una forma positiva y constructiva. Los jóvenes se enfrentan constantemente con el dilema de vivir en «dos mundos» a la vez, y deben tomar decisiones en ambos que les permitan mantener su identidad como hispanos y al tiempo que adquirir nuevos estilos, costumbres e idioma que han de facilitarles un exitoso proceso de adaptación en la nueva sociedad sin abandonar su identidad hispana. Esta etapa es problemática tanto para la juventud como para la familia.

Los jóvenes, en particular los inmigrantes, se desenvuelven en medio de tensiones y conflictos culturales, sociales, emocionales y aun espirituales o religiosos. Se ven ante la necesidad de mantener su identidad cultural y desarrollar nuevas formas de conducta bicultural que les permitan alcanzar metas en medio de las expectativas de su familia, el deseo de triunfar en el nuevo contexto, los conflictos de valores y las frustraciones que genera el proceso migratorio, tales como el definir y re-definir la identidad individual dentro de la sociedad en medio de prejuicios y múltiples injusticias. La juventud suele considerarse la etapa más complicada y volátil en el desarrollo de un ser humano dentro de circunstancias optimas, y resulta particularmente vulnerable al proceso de inmigración por razones tanto sociales como emocionales.

Como se ha establecido en los párrafos anteriores, la experiencia migratoria es traumática aún en las mejores circunstancias. En la cultura hispana la familia es fundamental. Es en el seno familiar en el que se tienen las primeras experiencias de amor, cuidado y formación, y en la cual se establecen valores emocionales y religiosos. Incluso en las familias más sanas surgen conflictos intergeneracionales, ya que éstos constituyen la manifestación de un desequilibrio en el sistema familiar. Esta realidad se complica cuando se vive simultáneamente en dos mundos muy distintos, lo cual es el caso de las familias inmigrantes y sus jóvenes. El desequilibrio familiar puede ocurrir dentro de un ambiente positivo o en tiempos de crisis.

¿Cuáles son las causas de estos conflictos? ¿Quién tiene la responsabilidad de velar por la unidad familiar? ¿Es semejante el proceso migratorio para todos los miembros de la familia? Investigadores y estudiosos de la migración hispana coinciden en sus opiniones de que, independientemente de las razones que tengan las personas para emigrar, la realidad es que para personas de la primera y segunda generación los retos de la inmigración son muy intensos. Esto obliga a muchas personas a acudir en busca de orientación y ayuda a sus pastores, terapeutas u otros profesionales. El sentido de pérdida, la esperanza de regresar a su país en un futuro no muy lejano, la marginalización y la falta de aceptación por miembros de la sociedad, la falta del dominio del idioma y problemas de documentación afectan al jefe de familia y en realidad a todos sus miembros de distintas formas.

Los conflictos intergeneracionales se producen como resultado de los cambios, sobre todo, aunque no exclusivamente, entre padres e hijos. Fijémonos en la experiencia de la familia Rodríguez Amador:

> *Sabrina, de quince años, la hija mayor de Francisco y Lilian, les hace saber a sus padres que quiere irse a estudiar a Estados Unidos; teme también que el régimen cubano la obligue a ir a trabajar al campo como lo han hecho ya con algunos de sus compañeros de escuela. Teme también que la obliguen a unirse a la Juventud Comunista, una ideología que ella no comparte. Después de debatirlo mucho en familia y pese a no tener a nadie en Estados Unidos, sus padres acceden a su petición y, gracias a la ayuda de una persona de la iglesia a la que pertenecen, cubren los gastos para que Sabrina alcance su meta.*
>
> *La llegada a este país le aportó experiencias positivas y negativas a Sabrina, quien se propuso hacer todo lo posible para conseguir la reunificación de su familia. Trabajó en una guardería de la iglesia a la que asistía y se esforzó en ahorrar todo lo que podía y, poco a poco, fue comprando cosas a la espera de la llegada de sus padres. Las cosas se complicaron en Cuba y sólo a su mamá y a su hermano les permitieron venir a Estados Unidos. A su llegada, la madre asumió su autoridad en el hogar y Sabrina se resintió por ello, pues durante dos años, ella había disfrutado de libertad para tomar sus decisiones y escoger sus amistades. Ahora, la mamá intentaba controlar hasta las decisiones más insignificantes: el cuidado del hogar y la responsabilidad de cuidar a sus hijas. En tanto, su preocupación por el esposo aumentaba de día en día al no saber si él iba a lograr salir de Cuba.*
>
> *Luego de dos años de lucha por sobrevivir en Estados Unidos, les llegó la noticia de que el esposo y padre que se había quedado en Cuba podría salir y reunirse con la familia. Fue un día muy ale-*

gre cuando al fin los cuatro se reunieron de nuevo como familia. Fue también un día triste al pensar en todo lo que quedaba atrás y en si algún día podrían regresar a su patria.

Las circunstancias transformaron a Sabrina en adulta. Su iniciativa, su responsabilidad, así como su conocimiento del idioma y de la cultura y la sociedad norteamericana, hicieron que sus padres dependieran de ella para tomar las decisiones familiares. Al principio resultó muy beneficioso para estos padres que querían salir adelante y ser responsables de su nuevo «hogar»; pero, con el tiempo, suscitó problemas para padres e hija. A esta última las responsabilidades domésticas llegaron a convertírsele en una carga abrumadora.

Un segundo ejemplo es el de Marta.

A los 12 años, Marta acompañaba regularmente a Elena, su mamá, al ginecólogo que la atendía cuando estaba a la espera de su segundo hijo. Seis meses después de que la familia llegó de Ecuador, Elena visitó al médico del pueblecito en que vivían y en el cual no habían profesionales de la medicina que hablaran español. Ella llevó a su hija para que le tradujera y la experiencia no fue nada agradable: preguntas íntimas fueron parte de la entrevista y del examen médico. Marta acompañó a su mamá durante varias visitas. Cuando se presentó el parto, a las dos de la mañana, fue demasiado para Marta, quien se desmayó al llegar al hospital y, cuando se presentaron complicaciones, el médico tuvo que llamar a la pastora de la iglesia hispana del pueblo para que le sirviera de intérprete durante el parto.

Esta situación no es insólita. Dentro de nuestras comunidades, los hijos e hijas se convierten en traductores y tienen que hacer frente a situaciones que exceden su madurez. Al mismo tiempo, a los adultos les provoca un sentimiento de impotencia y vergüenza al no poder desempeñarse como adultos y ser responsables de su familia.

Finalmente, no se puede menospreciar la importancia del contexto en que la población inmigrante se desenvuelve y que afecta la totalidad de sus vidas y acciones. Ese contexto tiene implicaciones capitales para el proceso de adaptación, la conducta y el desarrollo de destrezas apropiadas para su desenvolvimiento en este país. La dislocación familiar exige una reconfiguración del sistema que rige la familia y la adopción de estrategias de adaptación para recobrar un equilibrio saludable y evitar la fragmentación de la vida familiar en Estados Unidos.

Resumen

Este capítulo presenta a grandes rasgos el proceso inicial de la inmigración. Para muchos, el emigrar ha sido una experiencia positiva, de crecimiento personal, así como la oportunidad de alcanzar sueños y metas que nunca hubieran imaginado. Para otras personas y familias las esperanzas nunca se realizaron. La tierra en la que esperaban triunfar y convertirse en el respaldo de sus familiares en los países de donde provenían no materializó sus sueños por diferentes circunstancias. Muchos fueron deportados por el Servicio de Inmigración y Naturalización; otros, frustrados, regresaron por sí mismos y otros perecieron sin alcanzar sus metas.

El costo de la inmigración es sumamente alto. Los riesgos al bienestar psicológico, espiritual y físico son reales y, de no ser atendidos, los resultados pueden causar daños irreparables. Es aquí donde la iglesia desempeña un papel decisivo al intentar, deliberadamente, comprender y respaldar a sus congregantes. Apoyar, en particular, a aquellas personas que buscan en las comunidades de fe un refugio espiritual, emocional y cultural. El papel del pastor o pastora es fundamental en el liderazgo de la congregación, para que ésta sea hospitalaria y viva su mandato profético y sacerdotal/pastoral. Esta tarea es compleja y difícil.

Los capítulos siguientes presentan otros aspectos necesarios para entender y ministrar al pueblo inmigrante. El concepto ecológico sirve de fundamento sobre el cual se debatirán algunos asuntos relacionados con la familia inmigrante, tales como los cambios que les ocurren a los inmigrantes, tanto individualmente como en grupos. La iglesia como comunidad restauradora tiene una oportunidad y enfrenta un reto al ministrar a esta población en constante aumento. El cuidado y asesoramiento pastoral es ineludible para la restauración y la capacitación de personas quienes se muestran quebrantadas y fragmentadas; quienes han sido víctimas de abusos; y quienes viven en constante temor de ser deportadas a sus países de origen, tan queridos y tan temidos. En otras palabras, en las comunidades de fe sanas estas personas pueden experimentar la plenitud humana para la que Dios nos ha creado.

Aplicaciones prácticas

1. Usted y su familia llegaron a los Estados Unidos en busca de

EMOCIONES	IDEAS	CONDUCTA

nuevas oportunidades económicas y educacionales para sus hijos. Describa las experiencias que ha tenido su familia al llegar a su nuevo destino:

a. Las personas que nos brindaron apoyo fueron…
b. Las instituciones que contribuyeron al bienestar y adaptación familiar fueron…

   c. Los conflictos a que la familia se enfrentó inicialmente surgieron como consecuencia de…
   d. El cuidado pastoral que recibimos de nuestra iglesia incluyó las siguientes dinámicas y acciones de parte del pastor/pastora y del liderazgo congregacional…
   e. El cuidado pastoral recibido tuvo los siguientes efectos en la familia…
2. Haga una lista de sus emociones, ideas y conducta en el tiempo que duró el conflicto. Utilice más espacio si fuera necesario.
3. ¿Cómo afectó esta transición a los distintos miembros de su familia?
   a. Pareja.
   b. Hijos.
   c. Familiares que viven con usted.
4. Enumere las destrezas que le ayudaron a encontrar soluciones positivas y eficaces para trascender esa situación….
5. Usted reconoció que una adaptación al nuevo contexto era necesaria, así que llevó a cabo los siguientes cambios en:
   a. Su vida personal.
   b. Con su pareja.
   c. Con sus hijos/hijas.
6. Describa sus experiencias en la reconfiguración de su sistema familiar.
7. Su aprendizaje en esta experiencia fue….
8. ¿Qué cambiaría? ¿Qué dejaría igual?
9. Usted es líder de la juventud de su congregación y está a cargo de preparar actividades para ese grupo. En su congregación existe un problema intergeneracional muy complejo. Considere que tal vez la formación de un panel compuesto por representantes de las distintas generaciones fuese una forma positiva de comenzar a superar esa situación. Piense en:
   a. La composición del panel.
   b. Posibles temas a tratar.
   c. Lugar y espacio apropiado.
   d. ¿Cómo puede ser ese evento el comienzo de posibles soluciones a este conflicto?

3

La iglesia: Hogar espiritual y cultural

A través de las páginas de este libro se ha hecho énfasis en las circunstancias de las familias inmigrantes que viven simultáneamente entre dos culturas y, por consiguiente, sienten que no pertenecen del todo a ninguna de ellas. Al dejar sus países natales, las relaciones con sus paisanos cambian debido a la separación geográfica, emocional y social. En este país tampoco los reciben como parte integrante de la sociedad. Este choque produce una dislocación que afecta todos los aspectos de sus vidas.

La antropología nos enseña en qué consiste un ser humano, así como los comportamientos y los símbolos fundamentales de cada cultura. Tal humanidad surge como resultado de las relaciones familiares y de amistad, de instituciones sociales, y de valores espirituales y religiosos. Toda experiencia significativa durante la vida contribuye al desarrollo de la identidad personal y social. Al llegar a tierras extrañas el sentido de identidad propia, el aislamiento, la ansiedad y otras emociones provocan un profundo vacío en el ser humano. Esto le hace sentir vulnerable y crea dilemas y ansiedad, tanto en el individuo como en el seno de la familia.

El pueblo hispano se caracteriza por ser una comunidad cuya identidad surge de un sentido relacional y grupal, y sufre traumas serios cuando se encuentra en un contexto individualista y sumamente pragmático. El unirse a una comunidad de fe en la cual encuentre aceptación, afinidad cultural y sostén espiritual es fundamental para su supervivencia emocional. Es una decisión saludable y sensible que proporcionará inapreciables recursos para el comienzo de sus vidas en una sociedad extraña. Las relaciones interpersonales tienen la mayor importancia para los hispanos y, en consecuencia, las iglesias desempeñan un papel fundamental en el proceso de ajuste de esa población inmigrante. Esto les presenta a las iglesias un gran reto y una responsabilidad que abarca los ámbitos teológicos, sociales y emocionales.

La característica relacional del pueblo hispano —que aquí enfatizamos— parte de sus raíces; su identidad se basa en su sentido de comunidad e integración personal a la familia. Esto explica por qué la inserción en una cultura ajena tiende a producir ansiedad e inseguridad. La iglesia, cuando reconoce este problema, puede fomentar entre sus congregantes un sano espíritu «de familia» que funcione como la familia extendida que alguna vez tuvieron.

Para los hispanos, la definición de familia incluye tanto a personas consanguíneas como a quienes forman parte de la vida cotidiana sin ser miembros de la familia en un sentido estricto. Este antecedente predispone a la población inmigrante a sentirse sorprendida y contrariada al descubrir y experimentar que la sociedad dominante está organizada en torno al individualismo y al núcleo familiar más inmediato.

Dentro del ámbito sociocultural la población inmigrante percibe esta realidad como deshumanizante y marcada por la indiferencia. Esto afecta profundamente el proceso de acomodo o adaptación. En otras palabras, todo lo que era de valor emocional y espiritual y daba significado a sus vidas ha quedado atrás en sus tierras. Es aquí, precisamente, donde la hospitalidad y la compasión de las comunidades de fe pueden hacer una contribución trascendental a sus feligreses. Una de las funciones principales del cuidado pastoral es la de inspirar la confianza necesaria para que las personas sientan que en verdad hay otras genuinamente interesadas en estar presentes para escucharles y entender sus dificultades y conflictos y, en consecuencia, responder con empatía a sus problemas.

A continuación ofrecemos un ejemplo concreto que trajo salud, esperanza y nueva vida a una pareja de inmigrantes:

> *Gloria llegó de El Salvador encinta. Su esposo, quien viajó con ella, tuvo por necesidad que irse a trabajar a otro estado varias semanas después de alquilar una habitación en una casa en la cual había otras familias inmigrantes. A ellos les costó mucho trabajo ingresar en Estados Unidos debido a la constante vigilancia de los guardafronteras. Al llegar a Los Ángeles, pensaron que comenzarían una vida nueva con el esperado bebé. Después de haber conseguido empleo por un tiempo, el trabajo del esposo de Gloria se terminó y él no tuvo otra opción que irse a buscar empleo a otra parte. Gloria ya estaba cerca de dar a luz y le preocupaba no tener a nadie que estuviera con ella. Si él no se iba, no podía mantener a su familia aquí y a sus padres en El Salvador. Estaban completamente solos y sin apoyo de nadie. Se preguntaban en estos momentos si su decisión había sido prudente. ¿Qué hacer? La dueña de la casa conversaba mucho con Gloria y un día la invitó a ir a su iglesia. Gloria tenía dudas de visitar un templo que no era de su religión, pero lo hizo para complacer a su patrona que siempre se mostraba amigable. Esa invitación fue la vía para adquirir una «familia adoptiva» que veló por ella durante los meses que su esposo estuvo trabajando fuera de la ciudad; estuvo con ella en el parto y se mantuvo cuidándola hasta que el esposo regresó. Éste, agradecido del amor y la atención para con Gloria y su bebé, se unió a este grupo de personas que les adoptó, veló por ellos y finalmente les ayudó, por medio de un abogado, a legalizar la situación de ambos.*
>
> *Cierto que Gloria y su esposo perdieron su país, el apoyo y la presencia de su familia y las amistades en tiempo de crisis, amén de todo lo que dejaron detrás al dejar su terruño. Aquí encontraron —en esta mujer extraña y en personas desconocidas, de distinta fe y tradiciones— una nueva familia. Así coexisten las pérdidas y las ganancias y las situaciones difíciles se tornan en oportunidades de ser objeto del amor de parte de extraños en lugares que nos son ajenos. La iglesia, como familia extendida, veló por el bienestar de esta joven y su bebé.*

Este ejemplo demuestra que la iglesia puede ser una familia adoptiva para personas recién llegadas y con necesidades específicas dada su condición de inmigrantes. La historia también identifica algunas de las razones que acentúan la centralidad de la iglesia como el hogar espiritual y cultural de inmigrantes (sobre todo de inmigrantes recientes). Un aspecto cultural básico es la importancia del idioma y de poder comunicarse con personas afines. La iglesia hispanohablante llena esta necesidad fundamental a la vez que ofrece el apoyo y dirección espiritual y emocional.

La población de habla hispana presenta varias oportunidades y retos a las iglesias y sus líderes. ¿Es la iglesia en realidad un lugar en el cual se brinda hospitalidad? ¿Cómo puede la iglesia responder de manera responsable e informada a las múltiples situaciones que confrontan los inmigrantes? ¿Cuáles son los posibles límites que las congregaciones tendrán que tener en cuenta? ¿Es la congregación lo suficientemente flexible para re-estructurar sus programas y acomodar al «extranjero en su tierra»? Estas preguntas son absolutamente necesarias en cualquier congregación para poder llevar a cabo un ministerio efectivo y responder acertadamente a las necesidades de sus congregantes.

No se puede olvidar que el pueblo hispano es un pueblo religioso. Las conversaciones cotidianas incluyen frases como: «Con el favor de Dios», «Si Dios quiere», «Adiós» entre otras expresiones, aunque los que las digan no se consideran religiosos «prácticos». En los ómnibus y otros medios de transporte podemos ver a hispanos leyendo libros de inspiración u otros textos religiosos. En ocasiones he observado a personas que hacen la señal de la cruz antes de salir de sus casas y comenzar el nuevo día.

En una ocasión, mientras viajaba en un ómnibus, dos señoras sentadas detrás de mí conversaban acerca de sus labores diarias; una cuidaba a una señora enferma y la otra limpiaba casas. Cuando estaban llegando a la parada, una le pregunta a la otra si la vería en la iglesia el próximo domingo, a lo que la otra respondió: «No, no me es posible estar en la iglesia el domingo, pues se me presentó una casa nueva para limpiar y no puedo decir que no, los "biles" (es decir, las cuentas por pagar) son muchos y el trabajo escasea. Pero, mira, sí voy a la misa el sábado por la noche después del trabajo, porque no puedo ni quiero dejar de ir a la iglesia ni siquiera una semana». Estas dos mujeres valoraban tanto su iglesia y su religión que aun cuando trabajaban siete días a la semana durante largas horas y atendían a sus familias, su participación en la misa era segura.

La religión o espiritualidad es parte integrante de la naturaleza y la identidad cultural del pueblo hispano. Cuando hablamos de religiosidad o espiritualidad incluimos toda expresión religiosa. No cabe duda de que la iglesia es la institución social que tiene la capacidad de contribuir extensamente a la salud emocional, espiritual y física de la población inmigrante.

La iglesia también desempeña un papel educacional de suma importancia en la vida de sus congregantes, pero en especial de la población de inmigrantes recién llegados a quienes facilita información y orientación durante el proceso de adaptación a la nueva sociedad. El aspecto educacional que las comunidades de fe pueden ofrecer es parte del cuidado pastoral integral que respalda y apoya a esta comunidad y que, a su vez, sirve de enlace con los aspectos espirituales, emocionales y sociales que ofrece la iglesia. Esta función central del cuidado pastoral permite que las personas puedan cobrar conciencia de la fortaleza interna que poseen y que logren alcanzar nuevas metas y logros positivos en la sociedad en la que se desenvuelven. La educación es un aspecto liberador necesario para todas las personas y, en particular, para quienes se sienten desesperanzados y sin ningún poder.

Las comunidades de fe, aprovechando su posición de preeminencia dentro de la sociedad, deben hablar y asumir una posición de liderazgo a favor de aquellos que no son escuchados. Por ejemplo, la iglesia puede ser una voz profética, promover asuntos de justicia a favor de los inmigrantes, así como contener o neutralizar las expresiones de odio, antipatía y resentimiento que generan violencia hacia la población inmigrante hispana o latina. Las instituciones eclesiásticas tienen mucho que aportar en el proceso de transformación social a favor no sólo de los inmigrantes, sino también traduciendo los aportes que éstos le brindan a la comunidad en general. En su labor teológico-educativa y aún política la iglesia, como «institución», tiene un gran poder y una oportunidad de influir y generar cambios en las distintas esferas sociales y políticas; cambios que garanticen el tratamiento digno de todo ser humano en una sociedad en la cual se aprecian los derechos humanos.

Como institución social, la iglesia desempeña un papel muy importante en la preservación y celebración de las tradiciones, los símbolos culturales y la continuación del idioma. La iglesia, a través de sus ministerios y programas, facilita el proceso post-inmigratorio del cual no se habla mucho y que tiene gran importancia para la supervivencia inicial en un país extraño y, en último término, para superar los obstáculos y alcanzar los logros que motivaron la inmigración. Hay que tener en cuenta —e incorporar en el ministerio y programación de la pastoral que futuras generaciones tendrán que modificar— rasgos y aspectos tradicionales de la cultura en la que viven y crecen dado el contexto histórico y social en el que viven.

He aquí un ejemplo de la pastoral de una iglesia en que he participado en varias ocasiones y que ofrece, en mi opinión, un modelo positivo e ilustra lo que hemos planteado en los párrafos que anteceden:

> *Esta iglesia, localizada en una zona urbana del noreste de Estados Unidos, inició su ministerio sirviendo a un grupo de inmigrantes de El Salvador y, poco tiempo después, comenzó a recibir a personas provenientes de otros países latinoamericanos.*
> *La congregación se fundó hace más de veinticinco años y ha crecido enormemente. El grupo se congregaba en una iglesia de otra denominación que les facilitó el espacio por un precio módico en un barrio con una creciente población hispana. Desde el principio la congregación tomó en serio las necesidades físicas y económicas de sus feligreses y habilitó sus salones para clases de inglés y de corte y costura, así como para la distribución de alimentos y ropa. Los domingos se celebraban cultos de adoración en que los símbolos culturales religiosos, la música familiar y un tiempo de esparcimiento después del servicio les permitían a los participantes relacionarse y conocer a nuevas personas de la comunidad. La celebración de fiestas nacionales, así como paseos a parques cercanos permitió también que los miembros de la congregación y los visitantes se sintieran «como en casa».*
> *Esta congregación entendía muy bien que el papel de la iglesia dentro de la comunidad hispana es multidimensional y responde a las características de nuestros pueblos.*
> *La iglesia logró desarrollar un ministerio intergeneracional que hasta el presente mantiene viva la identidad de sus congregantes y permite la integración de las nuevas generaciones hispanas. La iglesia esta bien organizada, dentro del orden que existe en la preparación de los cultos,*

pero también dispone de la flexibilidad que permite incorporar valores y expresiones culturales de los inmigrantes.
En el presente, cuenta con un nutrido grupo de jóvenes, así como de jóvenes adultos jóvenes casados y en el proceso de iniciar sus propias familias. La mayoría de los que integran estos dos grupos son los hijos y nietos de los primeros inmigrantes que visitaron la iglesia a poco de establecerse en el país. La juventud es bilingüe, con un nivel educacional mucho más alto que sus padres. Algunos son profesionales o desarrollan oficios que les permiten vivir una vida desahogada.

La iglesia que se ha descrito ha cambiado notablemente desde sus comienzos. En primer lugar los cultos son bilingües, y recientemente se ha instituido un servicio totalmente en inglés. La música es una combinación de himnos tradicionales y música popular con letra cristiana. Los boletines dominicales casi han desaparecido y, en su lugar, el orden litúrgico se proyecta en dos pantallas a ambos lados del santuario. Cuenta con dos coros, uno es tradicional y el otro interpreta la música cristiana con ritmos diferentes. Podrían apuntarse otros cambios, pero tal vez basten éstos para dar una idea de la transición que se ha operado en esta iglesia a lo largo de los últimos veinte años.

Esta congregación representa las cualidades de un hogar espiritual que no se preocupa tan sólo por el bienestar espiritual de la persona, por reconocer que el ser humano no puede fragmentarse y que todo lo que quebranta el cuerpo, también quebranta el espíritu. Por consiguiente, una iglesia se ha de preocupar por fomentar ministerios y programas que abarquen al ser humano en su totalidad. A continuación indicamos tres aspectos básicos de la naturaleza de las comunidades de fe:

1. Hogar espiritual y emocional
    a. La familia «extendida» se reúne para recordar las acciones y bendiciones de Dios en sus vidas.
    b. Tiempo de celebración – Tiempo para la fiesta
        i. Culto de adoración
        ii. Celebración con los congregantes de las distintas etapas y transiciones de la vida:
            1. Preparación pre-matrimonial
            2. Bodas

3. Nacimiento de hijos
4. Bautismos
5. Quinceañeras
6. Funerales, etc.

2. La iglesia hispana reconoce la necesidad de integrar servicios sociales en sus programas:
   a. Sirve a una comunidad marginada y desesperanzada.
   b. Los servicios sociales son una manifestación concreta del cuidado integral a familias e individuos.
   c. Programas educacionales
      i. Clases de inglés
      ii. Capacitación de parejas para el matrimonio
      iii. Programas para la juventud en riesgo
      iv. Programas para padres que crían a sus hijos en una cultura diferente.
3. Mantiene en la celebración de sus servicios religiosos los aspectos culturales que son parte integrante de la identidad de sus feligreses. Además. Mantiene y transmite el folclore, las tradiciones y valores, sobre todo para las personas de la tercera edad y la juventud.

Podemos resumir el concepto de la iglesia como el hogar espiritual y cultural que mantiene viva la identidad hispana, el aprecio por la familia, el respeto por la historia de cada país representado en la congregación, así como el sentido festivo de los cultos. La iglesia es la celebración de «los actos poderosos de Dios» (González, 1996).

Conflictos congregacionales

En el seno de las congregaciones siempre existen algunos conflictos. Como toda institución familiar o social, siempre que se experimentan cambios en el sistema se producen reacciones que, en el mejor de los casos, se limitan a meras discrepancias, pero en los peores, pueden terminar convirtiéndose en serios conflictos. La iglesia mencionada en los párrafos anteriores fue también un ejemplo de conflictos en los primeros años de su ministerio con inmigrantes. Sin embargo, tanto la congregación como su liderazgo tuvieron la madurez y la visión para que el ministerio creciera pese a los contratiempos y conflictos. A continuación presentamos algunas situaciones que pudieron echar por tierra los esfuerzos iniciales de la congregación hacia los nuevos inmigrantes. Veamos una tabla comparativa sobre la feligresía de esta iglesia:

Feligresía establecida	**Inmigrantes recién llegados**
Se componía de personas establecidas, con hogares y con empleos estables aunque no siempre con buenos sueldos.	Las personas que se allegaban a la congregación vivían con amistades o con algún familiar lejano o sencillamente en un cuarto alquilado con extraños —sobre todo los hombres solos.
Estas personas tenían familiares en Estados unidos y muchos podían viajar libremente a sus países.	Los recién llegados habían dejado en sus países de origen a la mayor parte de su familia, incluidos, en algunos casos, el cónyuge y los hijos. Por carecer documentación y dinero, tenían que quedarse aquí hasta que pudieran arreglar los documentos necesarios. Para algunos, el llegar hasta aquí había significado un reto, debido a los peligros a que se habían expuesto cuando emigraron.
La mayoría hablaban y entendían suficientemente el inglés.	Los recién llegados estaban limitados por no conocer el inglés y la cultura norteamericana. Venían con ideas preconcebidas sobre Estados Unidos, a partir de lo que habían podido llegar a saber en sus países.

Conocían las leyes y costumbres del país anfitrión.	Pero los recién llegados desconocían aun las leyes básicas del país y tenían temor de las autoridades.
Estaban en este país ya como residentes o con la documentación necesaria.	Muchos venían sin documentación, arriesgándose a venir debido a persecuciones políticas o a la devastadora situación económica de sus países.
Llevaban tiempo en la congregación y conocían bien la estructura denominacional.	Solo entendían que la iglesia era un lugar para buscar ayuda inmediata y sobrevivir en medio del trauma migratorio. La iglesia era lo más cercano a la familia extendida y un lugar y personas en las que podían confiar.
Era una congregación en que el promedio de edad era mayoritariamente de la tercera edad.	Las familias e individuos eran gente joven y llena de sueños y vitalidad para trabajar.

Por añadidura, muchas de las familias de la iglesia habían crecido en un contexto urbano y conocían bien las complejidades de una gran ciudad. Los nuevos inmigrantes venían de campos y lugares remotos de sus países de origen. Sólo una minoría de los recién llegados había vivido en áreas metropolitanas. Esto causaba grandes discrepancias debido a que los valores, las expectativas, las maneras de pensar, y el comportamiento aceptado eran distintos debido a los diferentes contextos, percepciones y realidades que tienen los habitantes del campo y los de la ciudad. Dicho en otras palabras, esa realidad produjo un «choque socio-cultural».

Una serie de conflictos comunes surgen dentro de toda congregación; no es extraño, pues, que también se presenten en las congregaciones multiculturales. El problema radicaría en que estos conflictos no llegaran a entenderse y, luego, en que no se les diese solución adecuada. A continuación una breve mención de los tres conflictos que son más usuales dentro de las iglesias multiculturales.

Conflictos interculturales e intraculturales

En la población hispana existen prejuicios raciales, marcadas divisiones de clase (sociales y económicas) y percepciones de superioridad de parte de algunos segmentos hispanohablantes. Como es de esperar, en muchas ocasiones ni siquiera se admite la existencia de estos prejuicios o formas de conducta; en otras, se intenta minimizarlas y, rara vez, aceptamos nuestra responsabilidad y culpa por ser parte de tal comportamiento.

Sabido es que, en cualquier conflicto, si ha de haber una solución positiva, debemos reconocer que:

1. Existe un conflicto real.
2. Toda persona que participa en una situación particular dada desempeña un papel tanto en el conflicto como en su resolución.
3. Todo conflicto tiene múltiples causas.
4. Para llegar a una resolución adecuada es necesario poner en práctica un proceso que ayude a descubrir las causas y llegar a un acuerdo en el cual las personas o instituciones involucradas perciban que se les escucha, se les respeta y se les valora, aunque la resolución del dilema no haya sido nuestra opción preferida.
5. Reconocer que, en ocasiones, es necesario incluir a una persona ajena al conflicto para encauzar el proceso de resolución.

Es importante que se entienda y aun se anticipe que el enfrentar los conflictos y encontrarles solución puede ofrecer una experiencia de crecimiento, promover la madurez individual e institucional y, finalmente, transformar una situación difícil —y en algunos casos pugnaz— en una experiencia de desarrollo, aprendizaje y restauración, así como de aprecio por los puntos de vista y las experiencias de los demás.

Conflictos interculturales

Son los problemas que surgen como resultado de la interacción de varios grupos culturales dentro de la congregación. Sabemos que la población hispana no es monolítica. Sabemos también que las iglesias están compuestas por distintos grupos con historias migratorias distintas, así como distintos niveles culturales; amén de las diferencias políticas, sociales, económicas, generacionales y de nivel de adaptación. Estas razones pueden ser obstáculos difíciles de vencer. El liderazgo congregacional debe estar consciente de la existencia de estos conflictos, pero es responsabilidad de cualquier líder encontrarles alternativas y soluciones a estos conflictos, aunque fuera necesario buscar ayuda de personas con experiencia en orientar a congregaciones cuando esta clase de problemas comienzan a surgir.

Conflictos intraculturales

Estos conflictos surgen en las iglesias entre personas de la misma etnia, pero de distintos niveles sociales, políticos y económicos.

No podemos olvidar que, tristemente, existen prejuicios culturales dentro de grupos y personas de los mismos países. Las razones y las etapas de la inmigración pueden crear fricciones entre personas del mismo país. No olvidemos que cada individuo y cada familia crece con valores y expectativas desiguales. Sus expectativas presentes y futuras resultan un terreno propicio a conflictos cuando éstas encuentran obstáculos o no son justamente apreciadas por la comunidad religiosa.

La iglesia como hogar espiritual y cultural llena una función doble para sus feligreses. La primera es la de promover la salud y el crecimiento espiritual; la segunda es desarrollar las metas, la visión y la programación de las congregación partiendo del contexto y composición de las mismas. La naturaleza de las iglesias en las comunidades y barrios hispanos moldea todos los ministerios que brinda el liderazgo pastoral y denominacional.

Al lanzar nuevos ministerios para alcanzar a la comunidad hispana, hay que tener presente los símbolos culturales, el idioma, la liturgia, la música, los instrumentos musicales, entre otros elementos. Además, es necesario tomar en cuenta que dentro de la comunidad hispana hay jóvenes nacidos o criados en Estados Unidos desde edad temprana, quienes dominan el inglés mejor que el español aunque sean culturalmente hispanos. La iglesia, como hogar cultural, debe estar en la mejor posición de proporcionar apoyo espiritual y emocional a la población hispano-hablante, especialmente a los inmigrantes recién llegados. Es una gran oportunidad y un gran desafío, a la vez que significa una responsabilidad concreta que exige, además de «buena voluntad», una preparación adecuada y animada por la compasión.

Resumen

La iglesia, como hogar espiritual y emocional, extiende una invitación a los inmigrantes hispanos y les brinda hospitalidad en un momento en que se encuentran desamparados, experimentan inseguridad y sienten agudamente la separación de familiares y amigos, así como la nostalgia por el país que dejaron atrás. La iglesia sirve de amparo y protección al tiempo que presta inapreciables servicios y se convierte en el lugar en el que encuentran los recursos espirituales que le fortalecerán en la trayectoria que han emprendido como migrantes.

La seguridad, el apoyo y la afinidad cultural que encuentra esta población inmigrante en las iglesias es fundamental para su supervivencia y adaptación a la vida en Estados Unidos. La iglesia desempeña un papel de suma importancia en la vida de las familias inmigrantes, ya que existe una afinidad cultural que sirve para hacerlas sentir que disfrutan de un pedacito de los países que abandonaron. La iglesia es, a la vez, una voz profética que promueve la justicia a favor de esta población y ayuda a contener la violencia que surge en su contra en el seno de la sociedad. La iglesia informa y señala categóricamente los aportes y contribuciones positivas de esta población al bienestar de la comunidad en general.

Sin duda alguna que las iglesias y su liderazgo enfrentan un reto y tienen una responsabilidad indudable en el momento sociohistórico en el que vivimos como resultado del fenómeno de la inmigración. Sus aportes a favor de sus miembros y de la sociedad en general pueden ser en extremo positivos, ya que la iglesia sirve de puente de comunicación entre las dos culturas. La iglesia también puede mediar conflictos entre grupos étnicos y el resto de la sociedad.

Aplicaciones prácticas

Como líder de la congregación que recibe a personas recién llegadas a este país:

- ¿Qué tiene usted que aprender de esta población?
- ¿Qué puede ofrecer al ministerio con migrantes.
- ¿Qué recursos buscaría para facilitar su ministerio?
- ¿Qué cree que será necesario para brindarles una sincera hospitalidad a estos congregantes?

Una de las definiciones del cuidado pastoral integral y contextual nos recuerda que «el ministerio de cuidado trata deliberadamente de entender la fragmentación y el aislamiento tanto individual como de grupos, y responde mediante el establecimiento de una relación mutua centrada en la confianza y la aceptación de quienes buscan ayuda y apoyo» (Radillo 2003). A partir de esta definición, medite en las siguientes preguntas y en lo que sería necesario para cerciorarse de que usted como líder…

1. Entiende la fragmentación de las personas a las que sirve, especialmente los inmigrantes recién llegados a su congregación.
2. Promueve una relación mutua centrada en la confianza.
3. Fomenta el desarrollo de una buena relación entre sus congregantes.

Después de haber leído este capitulo…

- ¿Qué preguntas vienen a su mente?
- ¿Qué sugerencias le ofrecería a una colega que inicia un ministerio con inmigrantes recién llegados?
- Piense en qué formas pudiera usted minimizar los conflictos interculturales e intraculturales.

4

La iglesia: Institucional y local

Donde no hay visión, el pueblo se extravía.
(Proverbios 29:18, NVI)

Introducción

Una noche, mientras veía el noticiero de la televisión, me enteraba de dos incidentes dolorosos. El primero se trataba de una madre bastante joven con tres hijos —cuyo esposo la había abandonado dos años atrás y quien había trabajado limpiando casas para mantener a su familia— que iba a ser deportada a su país de origen. Sus hijos habían nacido en Estados Unidos, pero aun así no se le permitía que estuviera con ellos. La reportera siguió diciendo que era posible que los tres hijos permanecieran juntos en el mismo hogar estatal o que fueran separados. Hasta el momento del informe de prensa las autoridades no habían identificado familiares que pudieran cuidarlos.

La segunda noticia era trágica: un joven inmigrante moría en presencia de su hermano a causa de una brutal paliza que le propinaron varios jóvenes angloamericanos. El hermano no pudo defenderlo porque a él también lo golpearon mientras lo sujetaban para que no auxiliara a su hermano.¿La razón? ¡Eran latinos! Tal brutalidad no se puede comprender de una sociedad civilizada que promueve los derechos humanos y, por supuesto, qué decir de una nación de inmigrantes y «cristianos».

Me puse a pensar, ¿qué pasaría si estas familias pertenecieran a mi congregación? ¿Cómo ofrecería cuidado pastoral a esa madre y sus pequeños, o a la familia del joven ecuatoriano *ejecutado* por el mero hecho de ser quien era y de proceder de un país latino. La realidad es que en muchas congregaciones en este país confrontan circunstancias similares y sus líderes no siempre están preparados para responder a situaciones tan devastadoras.

La frase «siempre lo hemos hecho de esa forma», se usa comúnmente en las iglesias, tanto locales como dentro del ámbito de la iglesia institucional. Esta frase es contraproducente en el actual contexto sociopolítico e histórico. Quienes mantienen esa filosofía y esa práctica, desconocen o niegan las realidades de la comunidad inmigrante. Tal criterio limita la visión y el alcance de ministerios que pudieran ser significativos y favorables para la población inmigrante y refleja un desconocimiento de las dinámicas específicas de esta población. Por esta razón, es muy difícil incorporar ministerios y programas que respondan a las necesidades de sus congregantes recién llegados y con una abundancia de problemas difíciles. Ante tal problemática, surgen varias preguntas:

- ¿Cómo entiende la iglesia (institucional y local) su papel en esta situación?
- ¿Qué puede la iglesia hacer ante retos tan enormes?
- ¿Cuáles son sus limitaciones?
- ¿Cómo preparamos al liderazgo pastoral y congregacional para el ministerio con inmigrantes?
- ¿Cuáles son las expectativas de la feligresía sobre el liderazgo pastoral?
- ¿Cuáles son las expectativas pastorales de las congregaciones a las que sirven?
- Cómo institución religiosa/espiritual, ¿cuál es la misión y testimonio de la misma? ¿Qué debe hacer para fomentar la salud, la esperanza y la profundidad en las vidas espirituales y emocionales de sus congregantes?

- ¿Cuál es la expresión profética y sacerdotal/ministerial de las comunidades de fe?

Quizás podemos encontrar respuestas a estas preguntas si examinamos profundamente y con detenimiento el ministerio de Jesús, quien introdujo un nuevo paradigma a la vida religiosa de sus contemporáneos. En primer lugar, Jesús pasó la mayor parte de su tiempo enseñando, haciendo preguntas provocadoras y penetrantes que ayudaban a que la gente reflexionara en su fe y en la práctica de la misma en el marco sociocultural, geográfico, histórico y político de su tiempo.

Hoy la metodología de Jesús resultaría muy práctica y eficaz si las iglesias y sus líderes pudieran aplicarla en los ministerios que realizan; no sólo, por supuesto, con la población inmigrante, sino como modelo a imitar en la sociedad postmoderna. Jesús hizo hincapié en el hecho de que el ser humano y su condición era primordial. Por esta razón, Jesús enfrentaba las injusticias sufridas por mujeres, personas enfermas, pobres, etc. La misión de Jesús se refleja claramente en Lucas 4:18-19, en el Sermón del Monte (Mateo 5-7) y en sus relaciones con los marginados. Él siempre respetó la dignidad humana y de ahí su mensaje de restauración y sanidad. El mandato y ejemplo de Jesús para la iglesia y su alcance al pueblo inmigrante resulta obvio y claro en las Escrituras.

En todos los ministerios, pero especialmente con personas vulnerables y desesperanzadas, victimas de prejuicios y de comportamientos destructivos, de acciones y conductas devastadoras, la iglesia tiene un modelo incontestable a seguir cuyo propósito es el de restaurar y llevar esperanza, paz y fortaleza a un pueblo sufriente.

La temática del capítulo anterior se centra en la noción de que la iglesia es un hogar espiritual y cultural dentro del contexto hispano. Ese capítulo hace énfasis deliberadamente en este aspecto de la iglesia y en su respuesta a la creciente población inmigrante de los últimos años, con el doble propósito de acentuar la importancia de examinar los métodos y modelos que han guiado la programación de las iglesias y de efectuar los cambios necesarios para responder a las nuevas y crecientes realidades de la religión, institucional y práctica. No podemos olvidar que promover un sentido de transformación y restauración a las congregantes es un aspecto fundamental de la función pastoral. Por consiguiente, no es posible tomar a la ligera la actual situación de la población inmigrante y pensar que pueden seguirse aplicando los programas tradicionales que en otros tiempos y contextos funcionaron efectivamente, pero que ahora son inefectivos.

Las iglesias locales tienen la capacidad de proporcionar una estructura dentro de la cual las personas se sientan seguras, apreciadas y respetadas, lo cual no siempre encuentran en otras instituciones o en la sociedad dentro de la cual funcionan. Es dentro de las comunidades de fe que se aprenden nuevas maneras de ver la vida, de desarrollar capacidades y de obtener las herramientas espirituales, emocionales y sociales que respaldan e instan a la persona o la familia a proseguir el camino que comenzaron cuando tomaron la decisión de emigrar por razones de seguridad, o de mejoría económica o educacional.

El ministerio actual exige que se examinen cuidadosamente la intención y los patrones que han guiado la conceptualización y el desarrollo de la programación de los ministerios hispanos. Los actividades que estas comunidades necesitan no requieren que el ministerio sea una «traducción» de la programación que se usa en las iglesias de la cultura dominante, sino que reflejen y tomen en serio la cultura de sus feligreses. Esto enfrenta a las iglesias locales y a sus oficinas nacionales con la obligación de crear, a la luz de las necesidades de esta población, ministerios que respondan auténticamente al clamor de sus congregantes y a fomentar cambios que respondan a las nuevas realidades contextuales de las iglesias y sus feligreses.

La naturaleza del ministerio con inmigrantes demanda que se preste atención a los desafíos que presenta el servir a comunidades que viven marginadas debido a su condición socioeconómica y a las horas que se deben dedicar al trabajo social sin descuidar el aspecto y las necesidades espirituales de dicha comunidad. La congruencia entre ambos ministerios exige concentrarse en un ministerio equilibrado.

Si la iglesia y sus líderes van a efectuar un ministerio de cuidado pastoral auténtico y efectivo han de aprender a escuchar atentamente lo que los feligreses, de varios modos, les transmitan. Una de las grandes necesidades de todo ser humano, pero en particular de personas vulnerables, es encontrar quien les escuche. Las palabras de Dietrich Bonhoeffer (p. 104) nos alertan sobre la necesidad de escuchar:

> Mucha gente busca a alguien que le escuche y no lo encuentran entre los cristianos, porque éstos se ponen a hablar incluso cuando deberían escuchar. Ahora bien, aquél que no sabe escuchar a sus hermanos (sic), pronto será incapaz de escuchar a Dios... El que no sabe escuchar atenta y pacientemente a los otros hablará siempre al margen de los problemas y, al final, ni se dará cuenta de ello.

Los cambios nunca son sencillos y, aunque sean positivos, lo nuevo crea «ansiedad institucional». Por eso siempre resulta tan fácil ampararse tras la frase manida «siempre lo hemos hecho de esta manera». La familiaridad trae un sentido de seguridad al anticipar el resultado de las acciones tomadas y la manera en que las mismas han de repercutir en la iglesias y en sus congregantes. El hablar de la necesidad de discernir las situaciones y efectuar cambios implica que no se tiene el control ni la seguridad de los resultados que tendrán los nuevos programas. Tampoco se conoce cómo estos cambios serán recibidos por la feligresía, ni si tendrán el apoyo de la iglesia institucional. Aquí hay que hacer una salvedad y es que estos ministerios no sólo requieren «la buena voluntad» institucional, sino también que la institución los examine y los respalde:

1. Ministerios nuevos y creativos
    a. Testimonio evangélico y sentido de misión integrados
    b. Liturgia inclusiva de símbolos, música, rituales y celebraciones que tome en consideración las tradiciones culturales; por ejemplo:
        i. Quinceañeras
        ii. Fiesta de las posadas
2. Recursos económicos: Las iglesias de familias de inmigrantes no van a crecer y obtener sostenimiento propio al mismo ritmo que iglesias establecidas en la cultura dominante y en comunidades solventes.

3. Instalaciones adecuadas para ministerios integrados
   a. Reconocer que debido a la naturaleza de un ministerio integrado, resultan particularmente importantes los salones de clase, así como los lugares para almacenar comida y ropa.
   b. En ocasiones se facilitan edificios que han sido abandonados por otras denominaciones o congregaciones y se les ofrecen a iglesias locales que trabajan con inmigrantes, tal regalo se convierte en una carga colosal ya que muchos de estos edificios están en necesidad de reparaciones que resultan extremadamente costosas para la congregación local.
4. Recursos de personal
   a. Educación apropiada
      i. Educación formal y práctica: En ocasiones la educación formal en seminarios no integra la educación contextual dentro de la cual sus seminaristas pueden desarrollar las destrezas necesarias para servir en comunidades con necesidades especificas, como lo es el trabajo con la población hispana y en particular con la creciente población de inmigrantes recientes.
      ii. Recursos para participar en programas de educación continua.
      iii. Implicaciones denominacionales para el proceso de ordenación: Velar que los procesos de ordenación no creen pastores que sean vistos o tratados como «pastores de segunda clase».
      iv. Facilitar la participación en grupos de apoyo (preferiblemente interdenominacionales).
   b. Esto significa que la iglesia institucional ha de considerar el apoyo económico para los líderes que no pueden esperar que sus congregaciones locales les paguen un salario de jornada completa y otros beneficios. Esto hace que muchos líderes pastorales tengan que aceptar empleos de jornada completa fuera de la iglesia para poder mantener a sus familias. El resultado de esta realidad común afecta:

i. La eficacia y limitaciones al ministerio
ii. La salud física, emocional y espiritual del pastor
    1. Agotamiento y fatiga física
    2. Estrés emocional
    3. Descuido de la vida espiritual que no permite la debida concentración en la preparación de sermones, los estudios bíblicos y otras actividades ministeriales.
iii. Costo para la familia pastoral; por ejemplo:
    1. Tiempo para la relación marital con posibles conflictos entre la pareja que pueden dar lugar a divorcios, relaciones extra maritales, etc.
    2. Relaciones limitadas con hijos

5. Reexaminar su posición en el proceso evaluativo de lo que constituye un ministerio legítimo y eficaz: El proceso evaluativo de la eficacia pastoral no incluye los aspectos y actividades sociales que se llevan a cabo en iglesias de inmigrantes.

Por supuesto, los cambios toman tiempo ya que los mismos tienen implicaciones teológicas, políticas, económicas, sociales y filosóficas para la iglesia institucional. También tienen un impacto en el personal eclesiástico y en el adiestramiento del mismo. Todo esto indica que el «engranaje» institucional tiene que emprender cambios significativos en su filosofía y en su administración. La resistencia al cambio puede entenderse desde la perspectiva práctica, pero eso puede convertirse en una justificación que le impida a la iglesia tomar la iniciativa necesaria para cumplir la misión bíblica evangelizadora y restauradora.

Es fundamental que regresemos al tema del liderazgo congregacional y que se amplíen algunas de las ideas brevemente mencionadas en párrafos anteriores. La razón para ampliar esta área de interés e importancia en esta exposición sobre el liderazgo pastoral es la obligación de reconocer que el liderazgo dentro de las iglesias locales está sobre los hombros de quieren diariamente tienen la responsabilidad de velar por el bienestar emocional, espiritual y social de sus congregaciones. Las pastoras y los pastores en las iglesias locales confrontan las realidades vivenciales de sus congregantes, lo cual les coloca en una posición excelente para comunicarle con claridad y franqueza a la iglesia institucional las necesidades y los cambios precisos que debe considerar y llevar a cabo para que sus respuestas sean pertinentes a la comunidad hispanohablante.

Un aspecto importante para el desarrollo de un liderazgo pastoral efectivo es la preparación ministerial. Cada denominación requiere que sus líderes se preparen para realizar un ministerio eficaz. Conforme a la doctrina y la formación teológica, los requisitos educacionales varían o fluctúan entre seminarios, institutos bíblicos, etc. Tal educación ha de ser uniforme e incluir los cursos tradicionales y básicos como son Biblia, teología, misiones, historia, principios denominacionales y ética. Además de estos cursos básicos, y como resultado de los cambios sociales y en particular el fenómeno de la inmigración de diferentes culturas, es ineludible la incorporación de un diálogo interactivo con las ciencias sociales, lo que permitiría extender los límites del conocimiento a impartir. Esta adición al currículo básico y teórico resultará en la obtención de un mayor entendimiento y aprecio de las personas y sus contextos. La meta es lograr un ministerio de cuidado pastoral acertado y culturalmente apropiado.

Otro aspecto de la preparación y formación pastoral se ha de centrar en la multiplicidad de elementos que desempeñan un papel fundamental en el desarrollo personal, espiritual, social y emocional de los líderes. Hay que recordar que un sinnúmero de los líderes congregacionales somos también inmigrantes de primera generación y, en consecuencia, llevamos las marcas de esa experiencia, tanto las positivas como las negativas y traumáticas causadas por el proceso migratorio. Por tanto, es imprescindible que la preparación y formación intelectual, espiritual y emocional del liderazgo sea una prioridad reconocida en el proceso educacional y formativo.

También es necesario que se entienda que tal formación es un proceso que continúa mientras dure la vida. Las distintas etapas de desarrollo hace que estemos alerta ante el continuo crecimiento emocional y espiritual que exige esa realidad. El proceso formativo ha de ser coherente entre el **ser,** el **saber** y el **hacer,** así como congruente con la vida interna y la expresión externa de la persona. No han de descuidarse ni minimizarse, en consecuencia, ninguno de estos aspectos. Varias características fundamentales de este proceso de formación son:

1. Identidad personal
   a. Dinámicas, conductas y actitudes que definen el **ser.**
   b. Sentido de autenticidad y de **ser** una persona genuina.
   c. Características físicas, sociales, emocionales y espirituales que son definitivamente parte integrante del **ser** y no idénticamente compartidas con otras personas. En otras, el **ser** es la «huella digital física, cultural y espiritual o religiosa que nadie mas posee».
2. Conocimiento de sí mismo
   a. Un sentido acertado o el **saber** las capacidades que se poseen dentro de sí.
   b. Capacidad de identificar las emociones y el conocimiento intelectual y **saber** tanto como sea posible de lo que somos capaces o incapaces de realizar en la vida.
   c. Capacidad de realizar periódicamente una introspección personal.
   d. Capacidad para la introspección y la autocrítica
3. Desarrollo de una espiritualidad saludable
   a. Conceptos teológicos que informan y fortalecen la fe.
      i. Gracia en la vida personal
      ii. Sentido del perdón
      iii. Aceptación
   b. Sentido de empatía que le permita responder al sufrimiento de otros.
   c. La intencionalidad de intervenir en disciplinas espirituales, tales como:
      i. Oración
      ii. Meditación
      iii. Retiros
   d. Capacidad de incorporar la reflexión teológica con la práctica ministerial.
4. Desarrollo de destrezas intelectuales:
   a. El continuado deseo de aumentar los conocimientos intelectuales a través de la lectura, los estudios superiores, los cursos de educación continua, los entrenamientos denominacionales, etc.

   b. La participación en grupos de estudios con colegas
5. Conocimiento y valoración del contexto social e histórico en el cual se desempeña:
   a. Participación en el contexto social, político y cultural en el que se desenvuelve.
   b. Participación en actividades de la comunidad en la que sirve.
6. Capacidad de establecer limites personales y profesionales:
   a. Reconocimiento de las limitaciones existentes, sean estas personales o profesionales. El conocimiento de sí mismo/a y el desarrollo de una identidad realista pueden ser instrumentos efectivos en el establecimiento de límites.
   b. El desarrollo de la mayordomía de la vida y del cuerpo
7. La realización de metas personales

La formación y el desarrollo de una identidad pastoral es un proceso que lleva tiempo y que nunca termina. Los siete puntos que se han mencionado parecen extremos; sin embargo, recordemos que el trabajo y el asesoramiento pastoral conllevan una relación muy particular y de mucha responsabilidad. No se puede tomar a la ligera la confianza que los congregantes ponen en sus líderes y, por lo tanto, tal privilegio conlleva una gran responsabilidad, para la cual hay que prepararse.

Las siguientes palabras de Wayne Oates resumen el pensamiento expuesto:

> A través de los siglos el pastor (sic) ha sido el máximo responsable de tratar a los afligidos... Haya aceptado o no el pastor estas responsabilidades, las haya realizado o no con destreza y sabiduría, haya apreciado el peso de las expectativas puestas sobre él, la gente sigue buscándolo cuando se trata de atender a un afligido (Oates, p. 4).

Claramente, la personalidad e identidad pastoral es vital en la práctica ministerial y particularmente en el cuidado pastoral de sus congregantes. Hay aspectos decisivos que deben ser parte de la personalidad y de la identidad pastoral entre ellos los siguientes:

- Autenticidad
  - Ser una persona genuina y transparente.
  - Apreciar y respetar a las personas a quienes sirve.
- Diferenciación
  - Tener la habilidad de diferenciar entre sus sentimientos y experiencias y aquellas que pertenecen a quienes se sirve.
- Mutualidad
  - Desarrollar la habilidad de establecer relaciones mutuas con sus congregantes y a la misma vez reconocer los límites entre ambos.
  - Recordar que en una relación pastoral adecuada no existe la necesidad de controlar o manipular a sus semejantes o sus congregantes.
- Madurez espiritual y emocional
  - Tener empatía y calidez.
  - Proveer apertura para expresiones espirituales y teológicas aunque estas sean diferentes a la suya.
  - Reconocer y apreciar la libertad de las personas a aceptar o rechazar sus puntos de vista.
  - Reconocer que hay circunstancias en las cuales hay que referir con otros profesionales.

A grandes rasgos se ha presentado la importancia de la iglesia local e institucional con énfasis particular en el liderazgo pastoral. Aunque en forma abreviada, la intención de este capítulo es establecer un diálogo institucional y local sobre las necesidades básicas para llevar adelante un ministerio eficaz.

El cuidado pastoral es un ministerio de restauración, sanidad y esperanza. Para que esto se convierta en una realidad, tanto la iglesia local como la institucional y su liderazgo han de reflejar las mismas cualidades de salud y esperanza, así como fomentar la restauración de sus congregantes. La población inmigrante nos ofrece la oportunidad de servirles y de demostrar que sí podemos marcar una diferencia en las vidas de una población vulnerable.

Resumen

Este capítulo se concentra en tres elementos que han de funcionar al unísono en el examen y desarrollo de estrategias adecuadas para responder a las crecientes necesidades de una población joven que sigue creciendo en Norteamérica. La iglesia institucional tiene el poder y la capacidad de poner en marcha cambios en distintos niveles para acomodar la nueva cultura de la población inmigrante. La idea de hacer cambios preocupa a la cultura dominante que se siente insegura respecto a cómo dichos cambios afectarán lo que por tanto tiempo han conocido y practicado. Paradójicamente, si no surgen cambios, la iglesia va a sufrir grandes pérdidas.

La iglesia local se encuentra en una posición difícil. Es decir, se encuentra entre la institución y las comunidades cambiantes en las que lleva a cabo sus ministerios. La iglesia local tiene que seguir respondiendo a la iglesia institucional con menos recursos y con una decreciente congregación.

El liderazgo pastoral tiene, a su vez, que detenerse y considerar los distintos testimonios ministeriales que se necesitan para responder a las necesidades de sus congregaciones. Es un tiempo de introspección, de revisión vocacional, y de exigente preparación personal y profesional. En otras palabras, la pastoral de hoy y las comunidades con una creciente población inmigrante incluyen los ministerios tradicionales a los cuales se les han añadido: trabajadores sociales, traductores, choferes, etc. Esto exige un ajuste de la identidad y del trabajo ministerial.

Aplicaciones prácticas

1. Su Obispo o supervisor le pide que prepare un programa informativo para presentarlo en la reunión mensual pastoral del distrito. A usted lo han elegido porque durante los últimos cinco años ha estado ejerciendo un ministerio efectivo y próspero en una iglesia urbana con inmigrantes. La presentación se presenta como un taller de adiestramiento para líderes de la cultura dominante. Le han pedido que incluya los siguientes temas:

a. Perfil cultural de las personas que sirve.
b. Necesidades más significativas que haya identificado.
c. Presentación de los programas que han surgido como resultado de la comunidad y sus necesidades.
d. Retos ministeriales
    i. Creación de programas y actividades no-tradicionales
    ii. Programas educacionales para las familias
        1. Énfasis en ministerios intergeneracionales (juventud y tercera edad)
    iii. Programas de fortalecimiento familiar (fortalecimiento del vínculo matrimonial)
e. El papel de la iglesia local
    i. Uso del local
        1. Programas religiosos
        2. Programas locales
        3. Actividades culturales y sociales
    ii. Implicaciones para la labor pastoral
    iii. Implicaciones para la preparación de futuros líderes
f. Implicaciones para la iglesia institucional: Sugerencias y peticiones a la institución para la expansión futura de ministerios con la población hispana inmigrante.

El último capítulo enfatiza la preparación y formación pastoral. Pregúntese:

1. ¿Por qué es necesario tal énfasis dado el tema de cuidado pastoral con migrantes?
2. Usted es un «sanador herido». ¿Cómo puede esta frase fortalecer el cuidado pastoral que ofrece, o cómo puede ser un obstáculo?
3. La labor pastoral es ardua, largas horas de trabajo no siempre bien remunerado; y no siempre apreciado o estimado por sus congregantes.¿Cómo afectan estas realidades a su comprensión empática hacia los demás, su disposición personal y la coherencia de su proceder en la vida?

Apéndice

Esta sección contiene diagramas y otros recursos que pueden ser útiles en el cuidado pastoral ofrecido por iglesias y sus lideres a sus congregantes.

Mapa ecológico

El mapa ecológico es un instrumento sencillo pero efectivo cuando se trabaja con familias e individuos. Cada institución o sistemas ha contribuido a su desarrollo, apoyo o creado conflictos para la persona o familia.

Por ejemplo,

- ¿Cuál ha sido su experiencia con institución o instituciones religiosas?
- ¿Cuál ha sido su experiencia con hospitales, clínicas o instituciones de salud mental a las cuales ha ido en busca de ayuda y apoyo?
- ¿Cuál ha sido su experiencia con el sistema escolar u otra institución educacional?
- ¿Ha encontrado prejuicios o apatía dentro de las instituciones sociales?

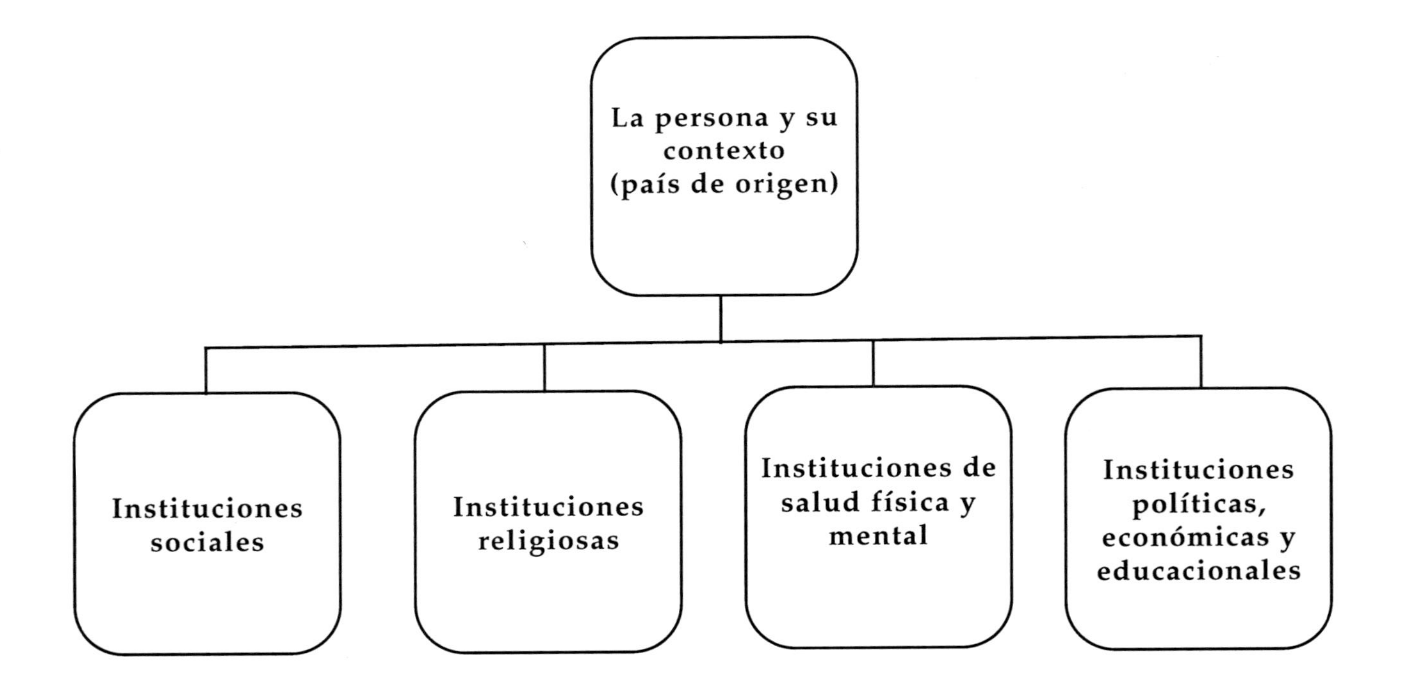
La persona y su contexto (país de origen)
Instituciones sociales
Instituciones religiosas
Instituciones de salud física y mental
Instituciones políticas, económicas y educacionales

Las familias inmigrantes se enfrentan a una multiplicidad de crisis simultáneas en los primeros meses y años de su llegada a los Estados Unidos. Una observación y recomendación al liderazgo congregacional que sirve a esta comunidad es la de familiarizarse con los servicios que estas instituciones puede proveer a sus congregantes.

El ministerio de cuidado pastoral es ecléctico y multidimensional. Recordemos que como pastores y pastoras somos una fuente informativa y para la feligresía. La misma pone su confianza en sus líderes y por la misma razón es responsabilidad de la iglesia el tener información apropiada sobre los recursos comunitarios que benefician a nuestras congregaciones. Claramente este ministerio requiere que la iglesia y la comunidad trabajen en conjunto.

Bibliografía

I. Libros y ensayos

Bonhoeffer, Dietrich. *Vida en comunidad.* Salamanca: Ediciones Sígueme, 1992.

Ciola, A. *Estar sentado entre dos sillas: Las condición del inmigrante, Herramientas para psicoterapeutas.* Buenos Aires, Paidós 1996.

Cuéllar, Israel & Paniagua, Freddy A. editores. *Handbook of Multicultural Mental Health.* London: Academic Press, 2000.

Echerri, Vicente. «La transformación de un sueño», *El Nuevo Herald,* Miami, 8 de Julio de 1994.

Elizondo, Virgilio. *Galilean Journey: The Mexican American Promise.* Maryknoll: Orbis Press, 1983.

Erickson, Erik. *Identity and the Life Cycle.* Madison, CT: International Universities Press, Inc., 1959.

Falicov, Celia Jaes. *Latino Families in Therapy: A Guide to Multicultural Practice.* New York: Guilford Press, 1998

González, Justo L. *Para la salud de las naciones: El Apocalipsis en tiempos de conflicto entre culturas.* El Paso, Texas: Fundación Universitaria Bautista, 2005.

González, Justo L. editor. *¡Alabadle! Hispanic Christian Worship.* Nashville: Abingdon Press, 1996.

González, Manny J. & Gladys G. Ramos, editores. *Mental Health Care for New Hispanic Immigrants.* New York: The Haworth Press, 2005.

León, Jorge A. *Psicología Pastoral de la Iglesia.* Miami: Editorial Caribe, 1986.

Maldonado, Jorge E., editor. *Fundamentos biblico-teológicos del matrimonio y la familia.* Buenos Aires: Nueva Creación, 1996.

Niemann, Yolanda Flores, Andrea J. Romero, Jorge Arredondo & Victor Rodríguez. «What does it mean to be Mexican? Social Construction of an ethnic identity». *Hispanic Journal of Behavioral Sciences* 21 (1999): 47-60.

Oates,Wayne. *Pastoral Care in Grief and Separation.* Filadelfia: Fortress Press, 1976.

Pagán, Samuel. *Yo se quién soy: Don Quijote para visionarios del siglo 21.* Miami: Editorial Patmos, 2008.

Pérez-Foster, Rose Marie. «The New Faces of Childhood Perimigration Trauma in the United States». *Journal of Infant and Adolescent* (2005).

Radillo, Rebeca M. *Cuidado pastoral: contextual e integral.* Grand Rapids, Michigan: Libros Desafío, 2007.

_____. *Pastoral Counseling with Latinos/Hispanics Immigrants,* Chapter 6 in *The Clinical Handbook of Pastoral Counseling,* Vol. 3. Editado por Robert J. Wicks, Richard D. Parsons y Donald Capps. New York: Paulist Press, 2003.

Rouse, Roger. *Making Sense of settlement: Class Transformation, Cultural Struggle and Transnationalism Among Mexican Migrants in the United States.* In N.G. Schiller, L. Basch, & Blanc-Szanton (Eds.) New York, Academy of Sciences.

Sluzki, Carlos E. "Migration and Family Conflict". *Family Process,* 1979, 18 (4): 379-390.

Sotomayor, Marta, editora. *Empowering Hispanic Families: A critical issue for the 90s.* Milwaukee, WI: Family Service America, 1991.

Suárez-Orozco, Carola y Marcelo. *Immigration, Family Life, and Achievement Motivation Among Latino Adolescents.* Stanford: Stanford University Press, 1995.

Suárez-Orozco, Marcelo y Páez, Mariela M. editores. *Latinos: Remaking America*. London: University of California Press, 2002.
Ulloa, Sergio Castellanos. *La Iglesia como comunidad de salud integral*. En *Dimensiones del cuidado y asesoramiento pastoral*, editado por Hugo N. Santos. Buenos Aires: Kairós 2006.
Zamichow, N. «No Way to Escape the Fear: Stress Disorder Grips Women Immigrants». *Los Angeles Times*, San Diego Edition (February 10, 1992): B2 a B-4.

II. Películas que pueden ser empleadas como «textos»:

Mi Familia (New Line Home Video)
El Norte (Criterion Collection)
A Day Without Mexicans (Xenon)
Sin Nombre (Universal Studios)

III. Organizaciones que ofrecen información pertinente al tema de inmigración

La Raza Centro Legal
474 Valencia Street # 295
San Francisco, California 94103
www.centrolegal.org/

EIRENE Immigration Center
2926 Westfield Avenue
Camden, New Jersey 08105
(856) 541-0400
www.EireneUSA.org

Catholic Charities
www.catholiccharities.org

Migrant Legal Action Program
1001 Connecticut Avenue, N.W. Suite 916
Washington D.C. 20036
(202) 775-7780
http://www.mlap.org

Mexican American Legal Defense and Educational Fund
634 South Spring Street
Los Angeles, California 90014
(213) 629-2512
http://www.maldef.org

National Network for Inmigration and Refugee Rights
310-8th Street, Suite 303
Oakland, California 94607
(510) 465-1984
http://www.nnirr.org/

American Friends Service Committee
http://www.afsc.org/

Casa del Migrante
http://www.youtube.com/watch?v=5jX9qoVgiVM

LaVergne, TN USA
01 March 2010
174413LV00006B/2/P
9 781426 709500